El Ambiguo Testamento

Fernando Rivera Calderón

RESERVOIR BOOKS

El ambiguo testamento

Primera edición: julio, 2022

D. R. © 2022, Fernando Rivera Calderón

D. R. © 2022, derechos de edición mundiales en lengua castellana:
Penguin Random House Grupo Editorial, S. A. de C. V.
Blvd. Miguel de Cervantes Saavedra núm. 301, 1er piso,
colonia Granada, alcaldía Miguel Hidalgo, C. P. 11520,
Ciudad de México

penguinlibros.com

Diseño de interiores: Penguin Random House / Scarlet Perea Medina

ISBN: 978-607-381-324-2

Impreso en México – *Printed in Mexico*

Creo porque es absurdo.
TERTULIANO

El viernes desperté y,
como el universo está en expansión,
tardé más de lo habitual en encontrar mi bata.
WOODY ALLEN

Al principio se creó el Universo.
Eso hizo que se enfadara mucha gente,
y la mayoría lo consideró un error.
DOUGLAS ADAMS

En el principio los humanos crearon a Dios.
Esto sucedió hace unos catorce mil años
en las montañas sagradas del Oriente Medio.

Algunos miles de años después
Dios creó los cielos y la tierra y dijo:

**"Haré al ser humano
a mi imagen y semejanza".**

Así fue como los humanos crearon a Dios
para que, finalmente, pudieran ser creados por Él
y llegar a tiempo a su encuentro hace catorce mil años,
en las montañas sagradas del Oriente Medio.

Advertencia

El Universo está en este libro. Todos los materiales esenciales de la creación se hallan discretamente en la estructura molecular del biopolímero que lo mantiene unido como un todo. Las moléculas orgánicas de este libro son las mismas que habitan el mundo desplegándose como araliáceas trepadoras sobre las paredes de las células vegetales. Este libro es parte de la Gran obra de Dios, del Milagro Impredecible, del Árbol Misterioso, incluso las erratas que en éste se encuentren son un acto deliberado de la Gran Fuerza Creadora, que decidió incorporar la imperfección al secreto entramado de su obra magnífica. Desde cierto punto de vista este libro puede seguir considerándose parte del *Big Bang*. Un efecto secundario, probablemente. Una reacción cuántico-literaria de la dilatación expansiva del Universo, que ha ido transformando paulatinamente a los asteroides y restos de planetas y estrellas en diferentes artículos electrodomésticos, cosméticos, ansiolíticos, productos editoriales y otros artículos de primera necesidad. Sin importar que se encuentre en las manos de un improbable lector a bordo de un avión inmóvil o aparentemente agotado de esperar en la mesa de novedades de alguna librería de viejo, el libro avanza en el éter en un lento e irreversible proceso de expansión y distanciamiento de su origen. En su interior están los secretos de lo que Es y de lo que No Es; en cada página, la metáfora de un universo paralelo sobrepuesto a otros universos paralelos, y en cada metáfora, la certeza de que A es como B y de que el pensamiento es pura pareidolia. Con las palabras aquí escritas se pueden responder todas las preguntas, incluso las más estúpidas y obvias. Con las respuestas aquí ocultas es posible descifrar el crucigrama infinito. El Universo está en este libro. Las leyes de su combustión y de su enfriamiento, la genealogía del tiempo y la materia. La etimología diacrónica de Dios. En cuanto tus manos lo toquen se convertirá en una extensión de tu cuerpo. Cada palabra aquí escrita será una célula más de tu organismo. Tus cabellos serán intrincadas caligrafías y tu piel adquirirá la blancura quebradiza del papel; tus brazos serán páginas y tus vértebras serán sílabas conectadas al esqueleto del grimorio, y serán ambos un solo animal de piel y de papel: quimera silenciosa y sedienta. Pasado algún tiempo, alguien llegará ante ti, te abrirá y te leerá. Un par de líneas, quizás. Un párrafo, tal vez. Y entonces fruncirá el ceño y mirará la portada y pensará: ¿Quién diablos escribió esto?, y no podrá imaginar en ese instante que justamente ha sido El Libro quien nos ha escrito a todos y que en cada una de sus páginas está iniciando el mundo. Así lo dice: **"Cada lector es un Universo; este libro, la singularidad que hace posible la explosión".**

El preludio
del preámbulo
del prefacio
del Libro
de los días.

La Nada nadando en la Nada.

No.

(*Dios arruga la hoja*
y la arroja.

Comienza de nuevo.)

(La hoja arrugada, mientras tanto,
se convierte en el primer modelo del Universo.)

(Segundo intento)

En el principio
las partículas más insignificantes
eran gigantes.

El presente era eterno
antes de que existiera el Infierno.

Pero el principio ya no es como antes.
Eso sólo fue al principio.

Y ya sabemos que nada nunca vuelve a ser
como la primera vez.

O no.

**Pudiera ser
que nada haya sido
y que todo esto,
incluso
nosotros mismos,
sea parte
de una mera
especulación.
O que
simplemente
no haya habido nunca
cosa
semejante
a un
principio.**

Todo principio es un acto de fe,
igual que todo final,
pues lo que siempre se ha visto es lo de en medio.
Y lo de en medio
no parece tener principio ni final.
Es ominoso y eterno.
Lo de en medio nos ahoga.

**Por eso buscamos el principio
hasta el final.**

Dios se levanta.
Se rasca los huevos y las tetas.
Hace un zumbido extraño
y mueve su cola con desgano.

Avanza apesadumbrado/a hacia el Gran Refrigerador
y levanta una cerveza con su tentáculo mientras dice:

Empezar o no empezar,
¿he ahí el dilema?

(¿Dónde no he oído eso aún?)

Al parecer Dios tiene una especie
de bloqueo creativo.

(El famoso miedo al
Universo en blanco.)

Y es que en el principio

el Universo se negaba a ser.

La pulsión insistía en el vacío

esperando un momento de debilidad,

porque sabía

—sin que realmente hubiera nada que saber—

que bajo de su epidermis

dormían miles de soles.

En el principio era una voz diciendo: "**No lo hagas**".
En verdad no lo hagas. No es necesario. **No lo hagas**. Si lo haces te arrepentirás. Es un error, es una trampa. Una voz como del pasado futuro repitiéndolo incesantemente. **No lo hagas**. Pasarás noches enteras con tus pesadillas esperando en la almohada a que puedas conciliar el sueño. No hallarás un sitio en el tiempo: ni en el pasado, ni en el presente, ni en el futuro, ni en el antepospretérito, ni en el antefuturo, ni en el pretérito pluscuamperfecto, donde encuentre reposo tu alma atormentada. **No lo hagas**. Lamentarás las estrellas y los planetas y los agujeros negros con la misma desazón con que lamentarás los mares y los pandas, las ciruelas y los libros de superación personal, igual que los de poesía novohispana y los vademécums y las secciones amarillas y las novelas rosas del mundo. Lamentarás la soledad del Universo y el ladrido de cada perro, los naranjos en flor y las magdalenas mojadas en el té. **No lo hagas**. No cedas a la pasajera tentación de lo posible. No bebas de ese cáliz, no comas ese fruto. **No lo hagas**. No vale la pena, ¡pero qué necesidad! Es inútil, absurdo, innecesario y monstruoso. **No lo hagas**. No tomes la cicuta, no sigas el camino amarillo, ni la escalera al cielo, ni la carretera al Infierno. No rompas el empaque, no quites el velo, no reveles la imagen. No lo eches todo a perder. **No lo hagas**. No lo veas. Cierra las ojos. Huye. Corre hacia lo más profundo. Run Forrest, run. **No lo hagas**. No estás preparado. Es demasiado pronto. Es demasiado tarde. Es demasiado para ti. **No lo hagas**. Tendrás sentimientos de culpa que te harán pagar fortunas en inútiles terapias y tratamientos alternativos. Caerás en las manos de psiquiatras y abogados, de vendedores de seguros y dealers indelebles. Es una batalla perdida. **No lo hagas**. Renuncia antes de que sea demasiado tarde. Conocerás las religiones más crueles y las sectas más obtusas, el látigo y los cilicios del arrepentimiento. Caerás uno a uno en todos los vicios y perversiones. Le abrirás la puerta a los testigos de Jehová y subirás a decir tu nombre en cada grupo de autoayuda: Alcohólicos Anónimos, Neuróticos Anónimos, te unirás a los optimistas, seguirías a Osho, a Chopra, a Oprah y a Jodorowsky. **No lo hagas**. No la mires, no la toques, no la beses. No la invites jamás a salir. No te veas obligado

a renunciar a tu voluntad al no poder soportar el peso de tu espíritu. No cambies de nombre ni de fe. **No lo hagas**. Nadie te lo va a agradecer. No tiene sentido ni fundamento. **No lo hagas**. No es sano, no es bueno, no es justo. No le abras la puerta al placer y al dolor. Es enfermo, ruin, despiadado e inmundo. Incluso para ti. **No lo hagas** y, sin hacerlo, asegúrate de que siga no haciéndose y de que no se haga jamás.

(Evidentemente nadie le hizo caso a aquella voz.)

De pronto, se hizo la Luz.
Dios se sintió profundamente inspirado
y empezó a teclear en su vieja máquina de escribir:

"Muchos años después, frente al Anticristo
de Nietzsche, Dios había de recordar aquella
tarde en que su padre lo llevó a conocer el Helio.
El Universo era entonces una aldea de veinte
partículas de Hidrógeno construidas a la
orilla de un río de aguas diáfanas que se
precipitaban por un lecho de piedras
pulidas, blancas y enormes como
huevos prehistóricos".

¡Es genial!, pensó Dios.
No sé qué significa pero me parece genial.
Es como si me lo hubiera dictado una voz divina,
un ángel caído del cielo,
un señor muy viejo con una alas enormes.
Pero, ¿quién?
¿Acaso no soy yo quien dicta esos mensajes?
Luego lo leyó otra vez y guardó silencio.
Se borró su sonrisa.
Recordó que en el futuro un colombiano
escribiría una novela
con el mismo principio.

No, otra vez, no, no y no.

Un Dios frustrado y furioso
sigue tecleando sin parar durante miríadas de siglos.
Las latas de cerveza, las botellas de whisky y tequila, las
colillas de cigarros, los lugares comunes de la narrativa universal
y las hojas arrugadas —modelos abandonados de universos—
empiezan a cubrirlo lentamente hasta ese momento
imborrable en que, horrorizado,
descubre lo que ha escrito:

"All work and no play makes a dull boy." "All work

¿Estaba enloqueciendo? ¿Era necesario importante urgente seguir esa pulsión, imitar ese latido, mirar esa luz, ese llamado incesante a hacer y a deshacer, a rehacer, a corregir, a deconstruir para recrear y versionar, producir y copiar y plagiar y clonar y desechar para reciclar y hacer y deshacer? ¿Qué tiene que morir para que todo empiece? ¿Qué tiene que empezar para que todo siga muriendo? ¿En qué momento el creador se vuelve un asesino? ¿En qué momento su necesidad de crear no es otra cosa que una suprema rebelión contra sí mismo? Dios huérfano, depresivo, frustrado, autodestructivo. Dios criminal, herido, resentido, terrorista. Espera silencioso en el lugar sin tiempo con su chaleco de explosivos. Es un kamikaze, un Dios cruel, informe e inconforme quemándose a lo bonzo con la fuerza de todos los soles.

¡BOOM!

¡CRAAAASH!, ¡BAAAANG!,

¡SPLAAAAAATT!, ¡SPLOOOOSH!,

¡KLONK!, ¡OOOUUUCH!,

¡PLAAAAAAAANG!, ¡SWIIIIISH!,

¡KAPOOOOW!, ¡CRUUUNCH!,

¡SOOOOCK!

¡GLUUUURPP!, ¡SWAAAAAAAAP!,

¡ZLOOOOOP!, ¡ZOWIE!,

, ¡ZGRUUUUUP!, ¡KRIIIIIGAAAA!,

¡THWAAAAAACK!,

¡AIIIIIIEEEEEEEEEYOOOOOOOOO!, ¡BAP!,

¡BOOOOOFF!, ¡AWK!, ¡CLUNK!

¡BONK!,

AFP, AP, Reuters, Notimex. Caos y confusión se viven por encima del abismo después del atentado que sacudió al Universo entero y que ha asesinado a millones de partículas primigenias. La gran explosión, que hasta el momento no se ha adjudicado ningún grupo terrorista, ha tenido efectos devastadores que afectarán radicalmente el espacio-tiempo por lo menos durante los próximos 14 000 millones de años. Ante el violento atentado las reacciones no se hicieron esperar, sobre todo las químicas, que aprovecharon el enfriamiento para mezclarse de maneras por demás impropias e impúdicas.

En el principio
hubo un crimen inconfesable.
El más terrible de todos.
El único crimen del que quizá tenga sentido hablar.
No hubo testigos.
Nadie hizo ninguna investigación.
Y, sin embargo,
La explosión sigue resonando en el espacio
y cada estrella
es una herida abierta
por donde se sigue desangrando
de luz
el Universo.

En el principio fue una **REVOLUCIÓN.** Una insurrección de partículas divinas que habían conspirado secretamente contra la nada. Un estallido que abrió las puertas del Universo a lo posible. Una rebelión inspirada por Dios, primero contra la tiranía de la oscuridad y del silencio, luego contra la esclavitud y la ignorancia. La lucha sigue. El Universo resiste. Dios es la revolución. Todo lo que existe y respira es y ha sido su ejército invencible. La Creación es el acto más subversivo en la historia del tiempo.

El Ahora empieza aquí y nunca termina porque siempre empieza. Parece el mismo lugar porque de hecho lo es, salvo porque nunca es el mismo lugar. Pero el Ahora es el mismo. Estamos en el Ahora porque es el único lugar donde podemos estar sin importar dónde estemos. Aquel que lucha contra un oso polar en un glaciar alejado de la humanidad y aquel que mira por televisión a un hombre luchar contra un oso polar en un glaciar están Ahora. El cine es Ahora. La radio es Ahora. Elvis y Lennon cantan Ahora. Gardel, de hecho, canta mejor Ahora. Todos los libros que se han escrito y todos los libros que se han leído y todos los libros que se han quemado, se escriben y se leen y se queman Ahora. La *Victoria de Samotracia* mete sus manos al fuego Ahora. *Las meninas* y *La noche estrellada* y *El jardín de las delicias* nos miran Ahora. Todo el tiempo. Ahora. Desde antes de ser pintadas, desde que eran un boceto o una idea fugitiva en la cabeza del pintor están Aquí, Ahora. Porque Aquí es Ahora y Ahora sólo puede ser Aquí. Incluso el Allá también es Aquí porque es Ahora, Aquí. Y no tiene límites puesto que siempre es Ahora y el Ahora es indivisible.

Cuando invocamos los sucesos más antiguos de la historia lo hacemos Ahora. La guerra del Peloponeso y las guerras floridas y la guerra de los pasteles y la guerra de Vietnam son inevitablemente Ahora. Hiroshima y las Torres Gemelas de Nueva York estallan simultáneamente Ahora. Los mitos y los hechos coexisten Ahora. La creación de Adán y Eva, la expulsión del Paraíso, la invención de la rueda, el asesinato de Julio César, el Caballo de Troya, el nacimiento de Cristo, la resurrección de Cristo, la larga noche de Iguala, la de San Bartolomé. Los egipcios, las pirámides, Maradona y la mano de Dios, los gatos y los ovnis. Todo ha sido y es y será Ahora.

Cuando quedamos de vernos con alguien el día de mañana lo hacemos Ahora. Cuando quedamos de ver a alguien en un año no es cierto que será en un año: es Ahora. Los encuentros y desencuentros son Ahora. Amas y odias a esa mujer Ahora y quizás nunca la olvides en este preciso instante. Jesús y el Bautista se conocieron Ahora, igual que Diógenes y Alejandro, igual que Chopin y Georges Sand. La vida y la muerte son Ahora. Ese Ahora tan parecido al nunca que nunca llega y tan diferente al siempre que siempre engaña y desengaña justo Ahora. El Ahora no miente. Nosotros nos mentimos sobre el Ahora. Ahora es Dios. Ahora es su ausencia. Ahora son miles de dioses gobernando el mundo.

Esa historia que recordamos como nuestro pasado sólo pasa Ahora, aunque nunca pasa, ni sucede. Pensar que las cosas pasan o suceden es insinuar que las cosas *pasan* y *suceden*, y nada pasa porque el pasado también es Ahora, igual que el futuro y que el pretérito imperfecto con que habitamos el Ahora para sentir como que el Ahora pudiera ser mejor que Ahora. Y no es sucesivo sino intermitente. Y no es acumulativo sino simultáneo. No es un río, es un mar. El mar del Ahora, que no existe fuera de sí mismo, que desaparecería justo en el momento en que *sucediera* o *pasara*, pero que no sucede ni pasa porque es Ahora desde el principio del Ahora que siempre ha sido principio. El instante-constante del Ahora que no deja que nada pase porque todo está siendo simultáneamente en esta fugaz eternidad. ¿Por qué seguimos mirando las estrellas que ya murieron si no fuera todo un insondable Ahora? ¿Por qué seguimos trayendo a nuestros muertos a la memoria? Tal vez porque la memoria no existe, porque es la vivencia radical del Ahora donde todos estamos. Los vivos y los muertos, los que aparecemos y desaparecemos en el Ahora como partículas subatómicas. Nacemos ahora, vivimos ahora y vamos a morir igualmente en este Ahora incesante. No es que nos mate el paso del tiempo. Lo que no resistimos es el peso del Ahora. El Ahora es lo que nos mata. El Ahora nos trae Aquí. El Ahora nos lleva de regreso.

El Ahora empieza aquí y nunca termina porque siempre empieza. Ahora.

Dios
nace a cada instante.
Cada momento es el momento de la Creación.
Hacia el pasado y hacia el futuro está el fin de los tiempos.
Lo mismo de un lado que del otro.

Dios Es Ahora.
Así escribe su nombre
en la Tierra
como en el Cielo.

"En el principio Dios creó la oscuridad. Vio Dios que la oscuridad estaba bien hasta que se pegó en el dedo pequeño del pie con la orilla de la cama. Entonces Dios dijo: "Hágase la Luz". Vio Dios que la Luz estaba bien hasta que pasado un mes le llegó el recibo con un adeudo impagable. Entonces Dios dijo: "Que haya día y noche para que la luz y la oscuridad puedan convivir en paz —aunque no se soporten— y para no seguir golpeándome los dedos del pie, y para que no llegue tan alto el recibo de la Luz". Y así fue. Y atardeció y amaneció. Y volvió a atardecer y volvió a amanecer. Y atardeció nuevamente y nuevamente amaneció. Y atardeció. Y amaneció. Y atardeció y amaneció. Y amaneció nuevamente después del atardecer. Y otra vez atardeció y otra vez amaneció, y cuando parecía que no podía suceder más, de nueva cuenta atardeció y luego amaneció, sin variar en ningún momento el orden de los factores, y atardeció y amaneció y así siguió atardeciendo y amaneciendo...

Y entonces Dios se quedó dormido...
En el principio fue un sueño.

Dios tenía un cuerpo humano.
Su piel era negra y estaba cubierta de finos vellos dorados.

Estaba sentado sobre la hierba,
desnudo y sereno
en lo alto de una montaña.

Desde ahí podía verse el cielo infinito;
los soles y las galaxias más lejanas.

Y abajo, ahí donde Él estaba,
un cañón atravesado por un río de aguas cristalinas.
El río era el escenario del milagro de la existencia.

Su fluir era el tiempo mismo
y como en un magno desfile
comenzaron a aparecer una a una
las especies de la Creación.

Las primeras en salir
fueron las criaturas microscópicas:
algas y bacterias,
pequeños protozoarios palpitantes.

Utilizando sus raíces como patas,
helechos, angiospermas, gimnospermas,
flores, cactos y coníferas
hicieron acto de presencia.

Luego vinieron los moluscos y los primeros peces jamás pescados,
y los anfibios y los pterodáctilos y los triceratops.
Luego los mamuts y los tigres con dientes de sable
y los primeros primates,
seguidos por nubes de insectos tornasolados.

Al final, neandertales, cromañones
y humanos de todos los colores
caminaron por las aguas de ese río,
seguidos por jaurías y rebaños.

Después aparecieron los animales imaginarios:
la quimera, el unicornio y el pegaso,
el ave fénix y una parvada de dragones
agitando sus alas.

Al final de la interminable caravana, sin prisa,
un gato cruzó el río encima de un tronco.

Dios miraba maravillado el espectáculo
y sin darse cuenta,
en un parpadeo,
se encontró en el origen de ese río.

Era una cascada luminosa
que ascendía más allá del cielo,
cuyas aguas mercuriales manaban
de una gran pileta cósmica.

Entonces Dios acercó su mano
y quiso sentir esa agua misteriosa,
y en el momento en que su mano
intentó tocarla,
su sueño terminó
y su recuerdo pareció evaporarse,
apenas abrió los ojos.

Cuando despertó, el dinosaurio era petróleo.

En el principio Dios hizo un chiste
del que nadie se rio.

No vinimos aquí a juzgar aquí si el chiste era bueno o malo,
sólo que la gran carcajada nunca ocurrió.

Dios en venganza decidió repetir el chiste día tras día hasta el
fin de los tiempos.

Por eso de pronto, en cualquier lugar, alguien se ríe
aparentemente sin razón,
y la gente a su alrededor lo mira como si fuera un loco.

En realidad, es que entendió el chiste.

Física de Partículas

Tragicomedia cósmica en un acto infinito

Personajes:
(por desorden de aparición y desaparición)

Quark Charm

El Gluón

El Sabio Gravitón

Mesón, la Partícula Inestable

La Partícula Hipotética

Wino, Zino y Gluino

El Solitón Topológico

Skirmión, el Engendro

La Partícula que Viene y Va

El Improbable Lector

En el principio era un universo subatómico donde las partículas elementales peleaban encarnizadamente por delimitar los límites del "Ahora". Se trataba de una cruenta batalla entre las fuerzas de las vibraciones luminisónicas contra las fuerzas de la materia oscura, en la que ninguna de las partículas implicadas en esa silenciosa masacre podía recordar las causas de aquella guerra. Sólo peleaban movidos por una inercia primigenia y violenta, carente de la saña que desarrollaron especies posteriores.

Fue ahí, en medio de la carnicería subatómica en la que se encontraban, que de manera inusitada e impredecible el Quark Charm conoció al Gluón y ambos tuvieron de manera instantánea la sensación de que ya se conocían, de que la vibración que salía del otro era una vieja melodía que ya habían bailado juntos. El problema era que Quark Charm pertenecía a la estirpe de los fermiones, que eran partículas celosas de su linaje y muy conservadoras en términos de hacer reacciones subatómicas con partículas de una especie distinta. Por el otro lado, Gluón era un simple y vulgar bosón, y se la pasaba encima de los fotones y de los otros bosones, que, básicamente, se dedicaban a aparearse de manera recreativa y escandalosa, apareciendo súbitamente unos encima de otros, de manera simultánea. Es decir, que un bosón podía estarse apareando con cinco bosones distintos mientras cada uno de esos bosones copulaba simultáneamente con otros tantos, que a su vez fornicaban con otros bosones en otros sitios, lo que, entre otras cosas, impedía que los bosones pudieran establecer relaciones formales y duraderas entre ellos.

Esto no le gustaba nada a la familia de Quark Charm, que, al enterarse de sus sentimientos hacia el Gluón, la llevó angustiada a recibir el consejo de Gravitón. El galeno le habló sin pelos en la lengua sobre las traicioneras leyes de la atracción y le recomendó que mejor reaccionara con un fermión como todos los quarks y dejara de buscarle tres núcleos al átomo. Fue en ese momento cuando Mesón, una partícula inestable como todas las demás, escuchó la conversación y dijo con una voz cavernosa:

—Las relaciones entre quarks y gluónes están prohibidas, al igual que el sexo subanal entre leptones muónicos y la monogamia entre los bosones. Los fermiones sólo deben relacionarse con los neutrinos y en el último de los casos con otros quarks, ¡pero jamás con un gluón!

Quark Charm no podía creer lo que Mesón estaba diciendo y se echó a llorar. Gravitón la miró con indulgencia y trató de consolarla(o).

—No confundas tus sentimientos con las leyes de la atracción; éstas son sólo una ilusión, un efecto de la geometría macabra del espacio-tiempo. No es el Gluón lo que te atrae, es el espacio el que te empuja hacia él.

—¡Pero tiene derecho a amar! —gritó Mesón—. El amor es una transmutación nuclear que no se le puede negar a nadie, menos a un Quark que ha nacido con una carga negativa y sólo tiene una oportunidad de redención a través del amor a otra partícula.

—¡Acabas de decir que esas relaciones están prohibidas, Mesón! —alzó la voz el viejo Gravitón.

—Sí, porque soy una partícula inestable.

—¡Basta! —gritó desconsolado(a) Quark Charm, quien vibró de forma impredecible y desapareció de ese punto indeterminado sin que pudiera escuchar las últimas palabras del amargado Mesón.

—¡Una terrible maldición caerá sobre aquel que viole la prohibición! No habrá piedad para quien contamine el linaje de los Fermiones con la savia virulenta del Gluón! ¡Que vivan los novios! ¡Que viva el amor!

Gravitón se quedó mirando a Mesón con una extraña combinación de odio y lástima. Evidentemente era la partícula más inestable de todas y Quark Charm tuvo la mala fortuna de que se apareciera justo en su momento de mayor fragilidad.

Quark Charm, arrobado(a) por un sentimiento de apasionada desazón, dio de vuelcos por diversos puntos del protoespacio y finalmente decidió visitar al único ser en el que confiaba. Un ente peculiar alejado de todo y dotado de una extraña sabiduría que se basaba en el cabal reconocimiento de su no saber: la Partícula Hipotética. Hacía ecuaciones vibrando en el éter y escribía números y letras unos sobre otros formando garabatos indescifrables cuando Quark apareció.

—Hola, Partícula Hipotética. Soy yo, Quark. Necesito hablar contigo.

—Hola, Quark. Ignoro profundamente por qué estás aquí, pero intuyo que pueden existir muchas razones en tu interior que te han traído hasta este punto.

—Como siempre, tu intuición no falla, Partícula Hipotética. Pero esta vez no es la razón la que me trae ante ti, más bien es una sinrazón —dijo Quark, entre sollozos.

—La sinrazón no sólo es la ausencia de razón, también es aquello que ocupa el hueco de la razón cuando ésta se marcha. Y nadie sabe ni puede predecir "eso" que llegará a anidarse en el sitio de la razón. ¿Acaso tú lo sabes?

—El amor por un Gluón —musitó el fermión.

—El amor es inmaterial, Quark; es un efecto secundario de las leyes de la gravitación, que, como todos sabemos, son el efecto secundario de la geometría macabra del espacio-tiempo. Es decir que el amor no existe dos veces al mismo tiempo, lo que no significa que las dos no existencias se anulen, sino que gracias a esta singularidad el amor existe menos que aquello que no existe.

—¿Y qué importa que sea un bosón? —reviró Quark con necio orgullo.

—No he dicho nada sobre el hecho de que sea un bosón —apuntó la Partícula Hipotética—. Dije que quizás el amor sólo sea esa ilusión breve pero desgarradora en la que percibimos apenas en un parpadeo atómico la supersimetría de la que somos parte, pero que no nos pertenece. O quizás es alguna otra cosa menos emocionante de lo que hemos imaginado.

—¡Yo lo amo! Siento taquiones en el estómago.

—El taquión es un ave fugaz.

—¿Y qué no lo es? ¿Qué debo hacer?

—No sé qué debes hacer. No sé ni siquiera qué es lo que debo hacer yo, pero me parece claro en medio de tanta confusión que una de las cosas que no debo hacer es decirle a alguien qué hacer.

—Eso sería lógico si supieras qué hacer, pero si no sabes qué hacer es irrelevante qué hagas. Todo lo que hagas mientras no sepas qué hacer no cuenta.

—¿Por qué no cuenta?

—Porque podrás decir que no sabías lo que hacías.

La Partícula Hipotética hizo una mueca parecida a una sonrisa y se quedó mirando por unos segundos la inocente vibración del fermión. En una parte de su hipotético ser sintió piedad por ese corazón enamorado dispuesto a estropearlo todo. En vez de hablarle con la más cruda verdad, decidió decirle a Quark lo que éste quería escuchar.

En otro lugar a varios theriones de ahí, Gluón seguía peleando en la guerra interminable contra los quarks. Daba la batalla al lado de sus supercompañeros Wino, Zino y Gluino, aunque, a decir verdad, el combate se había vuelto un tanto aburrido y predecible. Haber experimentado de cerca la vibración del Quark Charm no lo dejaba disfrutar como antes de la masacre infinita. Matar quarks ya no era tan divertido con esa extraña emoción que lo perturbaba y sacaba a la superficie su lado más vulnerable.

Wino y Zino, dos partículas pequeñas y simplonas, tenían la peculiar característica de hablar al unísono. Se dedicaban a apoyar moralmente al Gluón y a otros bosones durante los combates. Es decir, eran unos parásitos, rémoras que revoloteaban y zumbaban inútilmente mientras los bosones entregaban el alma en el campo de batalla. Caso distinto era el de Gluino, miserable criatura servil y devaluada que servía al Gluón como informante y mensajero.

—¡El bosón está enamorado! ¡El bosón está enamorado! —cantaban Wino y Zino con sus voces chillonas, mientras daban vueltas alrededor del Gluón.

El espíritu bufo de los zánganos, sin embargo, no surtía efecto en Gluón por una sencilla razón: los bosones no saben lo que es el amor. Ellos sólo copulan una y otra vez de manera simultánea con varios bosones sin compromiso alguno. Aparecen y desaparecen aquí y allá. Se van y se vienen compulsivamente. Por eso llamaban tanto la atención del Gluón esas curiosas vibraciones que el Quark Charm le había provocado durante su fugitivo encuentro.

Se preguntaba si volvería a sentir esa vibración, o si sólo seguiría peleando esa batalla sin fin y teniendo sexo casual indeterminado y multiorgasmos sucesivos-simultáneos por el resto de sus días. Se preguntaba si era normal que un bosón como él se preguntara por una partícula que ni siquiera pertenecía a su grupo de partículas. Y se preguntaba también si percibir esa vibración era lo que hacía que los recalcitrantes Wino y Zino le llamaran burlonamente "enamorado". ¿Era eso el amor? ¿Por qué no podía desprenderse de esa obstinada inquietud?

La Partícula Hipotética reinició su caligrafía voladora como intentando resolver un acertijo ante la mirada escrutadora de Quark Charm. Luego se detuvo súbitamente y le dijo:

—Sé lo que debes hacer.

Quark Charm vibró intensamente, pero pronto se contuvo para escuchar con atención las instrucciones que su amigo(a) le daría.

—¡Tendrás que cruzar el Mar de la Materia Oscura en busca del Solitón Topológico! —sentenció la Partícula Hipotética.

Realmente ésas no eran las palabras que el(la) Quark Charm quería escuchar. Sin embargo, la gravedad con que las pronunció la Partícula Hipotética hizo que le resultaran profundas y sabias.

—Es la cosa más estúpida que he escuchado en mi vida —saltó Quark Charm—. ¡Nadie ha cruzado el Mar de la Materia Oscura!

—Tú me preguntaste qué es lo que debías hacer. Yo sólo te he respondido.

—Pero... ¿por qué?

—El amor entre un bosón y un quark puede tener severas consecuencias en la geometría macabra del espacio-tiempo. Incluso puede provocar una fisura espontánea en la supersimetría del Universo. No sólo se trata de una simple reacción electromagnética de una noche. Esto puede tener consecuencias catastróficas. Así está escrito en el libro del que todos somos letras.

—No entiendo —dijo Quark Charm confundido(a).

—No tienes que entender. Si quieres a ese quark encuentra al Solitón Topológico.

A una distancia imposible de ahí, en medio de la nada, el Solitón Topológico oscilaba en una elipsis como en una especie de oración. Alejado prudentemente del vacuo bullicio de las partículas elementales, meditaba en silencio sobre el fenómeno de la dispersión elástica, sin imaginar siquiera que en el lugar donde *lejos* adquiere su más nítida expresión, un Quark Charm ha emprendido su búsqueda.

—¡Debo encontrarla(o)! —le gritó el Gluón al cadáver del quark que acababa de asesinar.

—¡El bosón está enamorado! ¡El bosón está enamorado! —cantaron Wino y Zino, con esas vocecitas chirriantes que empezaban a colmar la paciencia del Gluón.

En ese momento el patético Gluino se acercó rengueando hacia el Gluón y emitió una ligera, casi imperceptible vibración.

—¿Qué dices? —preguntó sorprendido el bosón—. ¿Que Quark Charm se ha ido al Mar de la Materia Oscura? ¿Con el Solitón Topológico? ¿Por qué?

La respuesta no estaba en manos del anodino Gluino. De hecho, parecía que esa respuesta sólo sería resuelta en el momento en que Quark Charm estuviera ante la controvertida presencia del Solitón Topológico, un suceso doblemente improbable ya que el quark tendría primero que sobrevivir al Mar de la Materia Oscura y luego encontrar al Solitón Topológico, si es que no era sólo una leyenda más de ésas que resuenan por ahí.

Muchas eran las cosas que se escuchaban sobre ese improbable personaje, pero lo cierto es que nadie lo había visto. Se decía que era una partícula imaginaria, invisible y por lo tanto indivisible, que vivía en los límites del Mar de la Materia Oscura y que era el puente entre el mundo de las partículas y el mundo de la antimateria. Algunas partículas pensaban que quizás él era la frontera misma entre ambos mundos.

En realidad al Gluón no le interesaban ni la leyenda ni la existencia del Solitón Topológico. Lo que le inquietaba era que en su camino Quark Charm se cruzara con esa criatura inenarrable conocida como Skirmión, "el Engendro Horrendo", "la Partícula Sardónica", "el Feto Infecto", "el Retruécano Retrógrado". Una bestia de hambre ancestral que chupa a sus víctimas convirtiéndolas en partículas electrodébiles, que le sirven como juguetes sexuales y alimento para sus uñas peludas. Skirmión caza a sus presas a las orillas del Mar de la Materia Oscura. Todos saben eso. Dicen que la arena de las playas de la antimateria no es otra cosa que los huesos molidos de los neutrinos, bosones y quarks que han caído en las garras del monstruo milenario.

Gluón, siendo un bosón, podía estar simultáneamente en varios lugares, pero en ninguno cercano al Mar de la Materia Oscura, que hacía de la simultaneidad un acto peligroso. En ese océano plagado de criaturas abisales las partículas se comportan de modo misterioso y todo se mueve a la velocidad de la oscuridad.

—¡Debo encontrarlo(a)! —insistió el Gluón. De manera repentina dejó de hacer todo lo que estaba haciendo simultáneamente y concentró las posibilidades de su ser en sí mismo para pensar qué hacer.

Wino, Zino y Gluino vibraron silenciosamente al darse cuenta de que su amo había entrado en una etapa vulnerable e impredecible. Sabían que seguirlo al Mar de la Materia Oscura era prácticamente un suicidio, pero también desaparecerían si decidían quedarse ahí sin su protección.

Temblando más allá de su voluntad, Quark Charm emprendió el largo y elíptico camino hacia el Mar de la Materia Oscura, como le dijo la Partícula Hipotética. Siguió las estelas de luz que habían dejado otras partículas insensatas que optaron por salir de la zona de combate y explorar otros terrenos del subespacio, pero todas esas veredas lumínicas terminaban en cierto punto y, a partir de ahí, desaparecían sus rastros.

A ninguna partícula le era ajeno el peligro que implicaba acercarse al Mar de la Materia Oscura. Se decía que sus olas trascendían los diques anti-antimateria y se llevaban a aquellas partículas que se cruzaban en su camino. Eran olas pegajosas, como toda la sustancia oscura, de una gelatina compacta y hambrienta que devoraba partículas por millones en cada oleada.

Pero ni siquiera el miedo a esas olas negras y letales podía detener a Quark Charm. Se sentía tan inestable como el loco Mesón y, aunque sabía que cruzar el Mar de la Materia Oscura era literalmente imposible, sabía también que justo en las fronteras con ese mar lo posible y lo imposible eran casi imposibles de distinguir. Todo esto parecía una idea absurda y fuera de lugar. ¿Pero no era el amor la misma cosa? Si el amor es absurdo, absurdo tenía que ser el camino para llegar a él, meditaba Quark saltando por las cuerdas del subespacio, buscando algún indicio del Mar.

En el disparatado itinerario de su viaje, Quark Charm encontró a la famosa Partícula que Viene y Va. Entidad inquietante y neurótica que vive en un eterno ir y venir por el subespacio. Nadie sabe el porqué de su comportamiento radicalmente nómada. No es que le importe a dónde ir, pero la Partícula que Viene y Va sólo llega para despedirse. En cuanto llega a algún lugar, cuando es recibida por cualquier otra partícula y ésta le ofrece un café, la Partícula que Viene y Va aprovecha la distracción de su anfitrión para tomar su sombrero y marcharse tan intempestivamente como llegó.

Quark Charm se le acercó mientras la Partícula que Viene y Va se preparaba para partir.

—Partícula que Viene y Va, disculpa que te distraiga de tu inminente partida pero debo llegar al Mar de la Materia Oscura y no sé cómo hacerlo.

—Me encantaría contestarte niña(o), pero debo irme.

—Pero podrías decirme en lo que te vas —insistió Quark Charm.

—¡No! Podría perder el tren.

—Pero no hay ningún tren aquí.

—¡Pero lo habrá! ¡Va a haber trenes por todos lados! —dijo un poco fuera de sí la Partícula que Viene y Va.

—¡Espera! —suplicó Quark.

—¿No te das cuenta? Siempre hay un tren que se nos va, un elevador que se cierra ante nuestras narices, una película que comienza sin nosotros, un hombre en la película que muere sin poder revelar el secreto, una oportunidad que se pierde por detenerte a hablar con un desconocido(a). ¡Podría no llegar a mi destino por esta distracción en el camino!

—No tengo idea de qué estás hablando.

—Yo tampoco tengo idea de qué estás hablando. Pero no importa. Un placer. Hasta nunca.

—¡Sólo dime cómo llegar al Mar de la Materia Oscura!

—Te cuidas.

—¡Por favor!

—¡Saludos a la familia!

—¡Te lo imploro!

—¡Adiós!

—¡Voy contigo!

Sin que la Partícula que Viene y Va lo esperara, Quark Charm comenzó a girar a toda velocidad alrededor suyo. La Partícula que Viene y Va intentó cambiar de lugar pero no pudo llegar muy lejos. Al parecer no había manera de quitarse al fermión de encima.

—No se puede llegar al Mar de la Materia Oscura así como tú quieres llegar —le dijo la Partícula que Viene y Va, tratando de zafarse—. ¡Suéltame!

—¡Llévame! —machacó Quark Charm.

—¡No puedo llevarte! ¡El Mar de la Materia Oscura no es un lugar del mundo electrofísico! No te diriges a él, el Mar de la Materia Oscura es el que llega a ti. ¡Déjame ir!

—¡No entiendo! —protestó el fermión.

—¡Tengo que irmeee!

—¡No te dejaré si no me dices! —le dijo la obstinada partícula.

—El Mar de la Materia Oscura… es un estado mental… No tienes que ir a ninguna parte para llegar… Sólo tienes que buscarlo en… ¡Aaaaaaggggghh! ¡Me muero!

La Partícula que Viene y Va comenzó a retorcerse de una manera repulsiva. Sus convulsiones se hacían cada vez más rápidas e irregulares. Quark Charm, perdiendo toda compostura, agudizó su interrogatorio.

—¿Dónde tienes que buscarlo? ¡Completa la maldita frase!

—¡Adiós, mundo cruel! —bramó la Partícula que Viene y Va.

—¡Deja de despedirte y dime dónde debo buscar el Mar de la Materia Oscura.

—Tienes que buscarlo...

—¿Dónde?

—...en el fondo...

—¿En el fondo de qué?

—En el fondo de... tu... a...

—¿De mi a qué?

—...de tu a...

—¿Armario?

—...aaa...

—¿Alacena?

—...aaaaa...

—¿Alberca?

—...aaaaa...

—¿Almohada?

—...aaaa... diós —exhaló la Partícula que Viene y Va.

La Partícula que Viene y Va murió al permanecer más de 0.0756 nanosegundos en el mismo lugar. Ahora sabemos que ése era el tiempo en que su estructura desarrollaba una alergia letal de la que huía de manera incesante. Finalmente quedó resuelto el misterio del porqué de su angustiante ir y venir. Quark Charm lo retuvo para conseguir la información que necesitaba sin darse cuenta de que lo estaba matando.

Lejos, muy lejos de donde todo aquello sucedía, más allá de donde operan las leyes de la termodinámica, en una zona del subespacio que podría declararse térmicamente muerta, el Solitón Topológico, taciturno e intangible, dibujaba en el éter una curva hipotrocoide que parecía equilibrar la entropía del protouniverso. No es que hubiera dejado de meditar sobre el fenómeno de la dispersión elástica, al contrario, había encontrado en el movimiento elíptico la cadencia idónea para sincronizar su pensamiento a su función primigenia. Así, mientras más disperso y elástico su pensamiento, mayor la posibilidad de mantener el orden en el desorden y llevar la medida del caos, siempre y cuando no rompiera el patrón quiasmático de sus movimientos sagrados. "El pensamiento es movimiento", se repetía en el aparentemente monótono girar de su improbable materia.

El viaje de Gluón y su comitiva de partículas supercompañeras resultó más complicado de lo que de por sí esperaban. Surfearon por los pliegues del espacio-tiempo durante kelonios y ni siquiera lograron acercarse al Mar de la Materia Oscura. Si bien Gluón postergó sus desdoblamientos sexuales con sus hermanos(as) bosones para no distraerse en la búsqueda de su amada(o), todas sus pulsiones infrasexuales se concentraron en la sensual vibración de Quark Charm y en todo aquello que experimentarían si acaso llegaran a reaccionar juntos. En su pedestre imaginación, el Gluón veía una explosión diferente a todas las explosiones y sentía una libertad asintótica, una simetría del sabor en perfecta rotación, paraluviando con el tiempo y el espacio. Esto lo mantenía inquieto e inestable en momentos en que debía mantenerse lúcido y sereno. De pronto, a la mitad de un recorrido entre un punto y otro del infraespacio, el Gluón dejaba de vibrar y se quedaba flotando en una expresión ambigua e impenetrable, como si se encontrara suspendido en las profundidades del Mar de la Materia Oscura. Wino, Zino y Gluino se le quedaban mirando mientras el atormentado ser utilizaba sus entes simultáneos, ya no para fornicar con sus hermanos bosones sino para escenificar fantasías románticas con el fermión de sus sueños, ocupación que lo alejaba del mundo subatómico y lo convertía paulatinamente en un anacoreta del tiempo, en un desesperanzado punto suspensivo. Sabían que lo estaban perdiendo y no había cantaleta que hicieran los vulgares Wino y Zino que sacara al Gluón de su marasmo amoroso. Daba la impresión de que su nave había atracado en el puerto de la locura, antes que en el incierto Mar de la Materia Oscura.

—¿Cuántos millones y millones de quarks y bosones han tenido que morir para que dos de ellos puedan amarse? —dijo el Gluón, levantando la voz, como si de pronto estuviera en un escenario bajo las luces de los reflectores—. ¿Cuántos caminos habremos de recorrer antes de encontrarnos nuevamente? ¿Sabremos reconocernos después del viaje? ¿Seremos los mismos? ¿Seguiremos deseando lo mismo después de todos estos theriones y kelonios?

Wino y Zino se voltearon a ver levantando las cejas, como cuando coincides en que el amigo que tienes frente a ti acaba de perder por completo la razón.

Una parvada de taquiones atravesó el éter iluminándolo todo en la rebanada de un instante. El Gluón lo tomó como una señal. No podían volver al campo de batalla. Tampoco era un buen momento para perder la razón, si es que alguna vez la razón estuvo involucrada en los actos de un bosón. Sólo quedaba sumergirse en esa suave, húmeda y al mismo tiempo terrible sensación que lo dejaba flotando en el éter, desapareciendo sutilmente en el recuerdo de quien se había convertido en su verdadera partícula elemental.

La muerte accidental de la Partícula que Iba y Venía dejó a Quark Charm sumida(o) en una densa depresión. No haber entendido sus últimas palabras y no haberse dado cuenta de que, en su necedad, la famosa Partícula que Iba y Venía expiraba, la(o) dejaron sin fuerzas para seguir en su búsqueda del Mar de la Materia Oscura y del mítico Solitón Topológico. Una culpa despiadada la(o) golpeaba con olas negras y pegajosas que la(o) arrastraban a un mundo raro fuera de sí. Sin darse cuenta, quedó de pronto sumergida(o) en esa inmensa alberca de gelatina negra donde el dolor era uno y donde nadie parecía hacerle daño.

Mientras Quark Charm flotaba obnubilada(o) en el infraespacio, imaginaba una y otra vez el momento de su primera reacción con el Gluón y sentía, al igual que él, una inusitada libertad asintótica, una simetría del sabor en perfecta rotación, paraluviando con el tiempo y el espacio. Pero no sólo eso: en su corazón cuántico vibraba una energía poderosa que no estaba antes ahí. Una fuerza débil que la(o) desintegraba y la(o) liberaba, algo más inexplicable que el amor mismo y que ya no sabía Quark si era consecuencia de ese sentimiento u otra cosa todavía peor derivada de ese lugar al que accedía gracias a su tristeza y que por momentos parecía un mar. ¿Habían llegado al Mar de la Materia Oscura? ¿Era ése el sitio mental que los estaba absorbiendo poco a poco y que parecía desmoronar sus voluntades en pos de una desquiciada adicción por lo improbable? Sumidos en su triste letargo, Quark Charm y el Gluón volvieron a mirarse como la primera vez, pero ahora a lo lejos, y ambos dudaron de que realmente estuvieran frente a sí en aquella situación insospechada y onírica. Pensaron que seguían ensoñando, que el ser imaginado había adquirido vida propia, pero eran ellos, compartiendo una vibración que los hacía unísonos. No importaba dónde estuvieran en ese momento, porque dentro de la sustancia pegajosa del sueño podían mirarse claramente a pesar de la densa oscuridad que los rodeaba.

Fue Quark Charm la primera(o) en dar un paso hacia el Gluón, pero la gelatina mental del Mar de la Materia Oscura hacía sus movimientos lentos y difusos como en una cámara lenta muy lenta. El Gluón dibujaba apenas una tenue sonrisa vibratoria cuando vio tras la silueta de su amada(o) a la sombra tenebrosa elevarse amenazante. Parecía que finalmente sus pesadillas se materializaban ante el único ser por el que sentía amor en ese mundo subatómico.

—¡Cuidado! —gritó el Gluón horrorizado—. ¡Es el Skirmión!

Quark Charm vibró con todas sus fuerzas e intentó moverse, pero a la velocidad de la oscuridad el movimiento no depende de la fuerza que uno imprima sino de la densidad de la antimateria alrededor. Una fuerza insólita y extraña la(o) quemaba detrás de sí y ella (él) sólo intentaba moverse hacia donde el Gluón transformaba su sonrisa en un gesto de terror.

Era Skirmión: "la Górgona Electromagnética", "el Ogro Anisótropo", "la Serpiente Birrefingente", "el Esperpento Cruento", y con tan sólo ver su sombra el Gluón supo que estaba ante un enemigo que en nada se parecía a los incipientes quarks contra los que peleaba desde que tenía memoria. La sombra crecía y crecía, y mientras más grande más lenta parecía ser la manera en que Quark Charm se alejaba de ella.

—¡Gluón! —alcanzó a gritar Quark Charm cuando sintió una garra con largas uñas peludas y hambrientas posarse suavemente sobre su ser.

En ese instante impreciso el Gluón se lanzó con todas sus fuerzas al ataque de la sombra, golpeándola desde diferentes lugares simultáneamente con tal ferocidad y ansiedad que daba la impresión de que todos los quarks que había asesinado durante kelonios en el campo de batalla sólo habían sido un entrenamiento para acabar con la sombra que en ese momento amenazaba al amor de su existencia. Pero algo raro sucedió. La batalla duró menos de lo esperado. La sombra no era del tamaño de quien la proyectaba y el Gluón pronto pudo ver que su rival no tenía ni el tamaño que parecía tener, ni mucho menos la fuerza que se esperaría de una criatura así. Antes de que Quark Charm alcanzara a darse cuenta de lo sucedido, el Gluón pudo ver con claridad que el Skirmión que agonizaba desangrándose bajo las aguas del Mar de la Materia Oscura no era como lo pintaban las leyendas, y que tal vez se había excedido un poco en la manera en que lo había atacado sin que el Skirmión los hubiera atacado previamente —aunque tampoco es que los monstruos respeten algún tipo de protocolo antes de devorar a sus presas.

Quark Charm supo que las cosas eran mucho peores desde el primer instante en que miró la escena, y la emoción que en un principio se iba a convertir en un abrazo subatómico con el Gluón de sus sueños, se convirtió en nanosegundos en un grito estremecedor.

—¡Mataste al Solitón Topológico! —le reclamó Quark Charm, completamente fuera de sí—. ¡Ahora nunca podré saber qué debo hacer para amar al gluón de mis sueños!

Gluón se quedó confundido ante las palabras de Quark Charm. En teoría él era el gluón de sus sueños, pero ahora, con el cadáver del aparentemente inofensivo Solitón Topológico a sus pies, no era más que un asesino ante los desorbitados ojos cuánticos de su amada(o).

—Pero Quark... ¡esta criatura es Skirmión, "la Costra Insaciable", "el Súcubo de las Tinieblas", "el Adefesio del Abismo"! —intentó argumentar el Gluón a su favor.

—¡Era el Solitón Topológico! ¡Ése era su nombre! A él vine a buscar al Mar de la Materia Oscura y ahora que lo encontré... ¡lo has matado!

—¡Iba a hacerte daño!

—¡Me estaba esperando, imbécil! Y ahora está muerto...

—¡Te salvé!

—...y con su muerte se mueren también mis esperanzas de encontrar el verdadero amor.

—¡Yo soy tu verdadero amor, Quark Charm! ¿No lo ves? Dejé la batalla contra las partículas de tu especie para venir a buscarte. Dejé a mis supercompañeros indefensos del otro lado y es probable que a estas alturas ya estén muertos.

El Gluón imaginó por un instante a los pequeños Wino, Zino y Gluino destripados en el campo de batalla, al quedar indefensos ante el ataque de los quarks, y sintió un dolor que lo atravesó como una flecha.

—Como muerto está el Solitón Topológico —insistió Quark Charm—. Ahora nunca sabré qué me iba a decir.

—Seguro te iba a decir que dejes de preguntarle a los demás qué hacer con tu vida —ironizó el bosón.

—¡No te atrevas a hablar en nombre del Solitón Topológico! —ardió Quark.

—¡Quark Charm! —gritó el Gluón.

—¡Estúpido! —le respondió Quark.

—¡Me encantas! —estalló el Gluón.

—¡Idiota! —aulló Quark.

—¡Te amo! —atacó el Gluón.

Quark Charm sintió unas inmensas ganas de golpearlo con todas sus fuerzas, pero al acercarse al Gluón sólo pudo besarlo como si de ese beso fueran a surgir todas las estrellas. Un beso cargado de furiosa pasión electromagnética. La madre de todos los besos. Después de todo, era la primera reacción entre un fermión y un bosón sobre el cadáver del Solitón Topológico, el pobre Solitón Topológico que meditaba en silencio sobre el fenómeno de la dispersión elástica. Nadie quiso matarlo. Vivía en paz consigo mismo. Su muerte fue un error y, sin embargo, fue necesaria para la creación del mundo. Por eso, ésta era una explosión diferente a todas las explosiones; por eso, la libertad asintótica de las partículas; por eso, la simetría del sabor paraluviando con el tiempo y el espacio.

Las olas pegajosas del Mar de la Materia Oscura rompían violentamente contra el mundo material llevándose todo lo que encontraban a su paso. La negra gelatina de la antimateria vibraba con una furia inusitada por el salvaje asesinato del Solitón Topológico. No había nada que frenara el ímpetu voraz de ese océano salvaje movido por el dolor y el desencanto. Y, sin embargo, Quark Charm y el Gluón seguían girando y dibujando espirales en el éter bajo un ritmo frenético, ajenos a ese remolino que parecía estarse formando alrededor.

¿Qué es lo que ya no le dijo el Solitón Topológico a Quark Charm? ¿Qué secreto se llevó a los abismos de la antimateria? Quizá le hubiera hablado de una vieja profecía en la que un bosón y un quark engendraban a un Barión y, con ello, la posibilidad de un Universo. O le hubiera explicado sobre el riesgo inminente de la bariogénesis y las peligrosas implicaciones de semejante acto en la geometría macabra del espacio-tiempo. O, tal vez, el Solitón Topológico se hubiera acercado sutilmente al oído cuántico de Quark Charm y le hubiera dicho con una voz muy bajita unas palabras que la(o) habrían dejado en un largo y profundo silencio.

Ese encuentro sucedido hace catorce mil millones de años y que duró apenas unas fracciones de segundo es la singularidad subatómica a la que las generaciones posteriores conocieron como el *Big Bang*. Un pequeño acto de amor entre partículas que no tendrían que haberse conocido jamás.

Un yoctosegundo después de la efusiva reacción de las partículas elementales, Quark Charm moría tal como se lo había imaginado: una fuerza débil la(o) desintegraba y la(o) liberaba, con la diferencia de que ahora sabía que si todo aquello era inexplicable y absurdo era justamente porque así era el amor. El Gluón no podría creer que su amado fermión se disolviera ante sus ojos, no entendía nada de todo aquello; de hecho, no entendía nada desde la primera vez que sintió esa vibración de Quark Charm por la que había dejado todo y por la que también había perdido todo, incluso a Quark Charm. Se sentía confundido y arrobado por una extravagante percepción de las cosas, como si hubiera otra partícula en su interior mirando y percibiendo con la ambigua sinestesia de sus sentidos subatómicos. ¿De qué color era ese sonido que le tocaba la piel? ¿Qué perfume era ése que emanaba de sus lágrimas? ¿Por qué sentía que en medio de su infinita tristeza había una belleza que le rebasaba, que se desbordaba por su ser hacia el exterior?

Tuvieron que pasar nueve largos segundos más para que el bosón comprendiera lo que había sucedido en aquel hermoso, terrible e inolvidable momento en que logró consumar su amor con la(el) desaparacida(o) Quark Charm. Ella(Él) ya no estaba ahí, o tal vez sí, porque el Gluón tampoco era el mismo. Era más bien como si un nuevo sentimiento anidara en su interior que no era fermión ni bosón.

La bariogénesis había comenzado. En su actuar misterioso movía las cuerdas de manera que las partículas empezaron a tener un comportamiento errático e impredecible. La batalla entre quarks y bosones se convirtió de pronto en una gran orgía subatómica y el Gluón, que lo abandonó todo por amor, se transformó tras un inquietante proceso en el primer Barión: "la Partícula Prometida", hija de sí misma y de Quark Charm, el(la) Quark que murió para dar origen a una nueva raza de partículas, surgidas de una singularidad de su temperamento que, con el paso de los kelonios, se volvió una ley del inestable comportamiento atómico: "métete con quien no debes".

La simetría del sabor paraluviando el tiempo y el espacio había sido quebrada como un cristal, el cristal que durante kelonios separó al mundo oscuro del mundo material. La bariogénesis y su misterio insondable habían ejercido su extraordinario influjo para que todo el Universo subatómico se dilatara en una inflación cósmica sin precedentes. Donde antes había bosones y fermiones ahora había bariones que empezaban a ser los primeros protones y neutrones, protoprotones y neoneutrones de una era naciente de grandes construcciones atómicas, así como de una absoluta promiscuidad entre partículas, lo que implicaba una arquitectura sexual cada vez más desafiante y compleja.

Así fue como terminó la guerra entre bosones y quarks, lo que dio origen a nuevas guerras que también esperaban su oportunidad, y fue así también como empezó la gran migración de partículas por el tiempo y el espacio, derivada más que de los efectos expansivos de la explosión, del desmesurado encarecimiento de la zona donde comenzó la bariogénesis, que se volvió la favorita de las partículas más excéntricas. Para algunas especies posteriores esta serie de sucesos conforman el origen del Universo; para otras, es sólo una más de las misteriosas apariciones del mecanismo de la bariogénesis en el delirante entramado de lo posible. Una más de las silenciosas batallas que se libran en el tiempo y el espacio por delimitar los límites del "Ahora".

En el principio
todo lo que Es ya estaba ahí,
oculto bajo la nada,
pero era apenas la simiente:
palabra de luz que germinó en una flor cósmica.
Y luego en otra, y en otra,
y de pronto el Universo florecía
como un jardín
de estrellas.

En el principio
todas las palabras
con las que ahora hablamos,
las que se dicen y se han dicho en otras lenguas y en otros
tiempos
e incluso aquellas que no han sido dichas aún, pero se dirán.

Todas ellas
estaban ocultas.

Las palabras,
o quizá debiéramos decir,
las letras.
Las letras fundacionales
estaban escondidas
con los demás juguetes
y venenos.

Como   unos niños
jugando a   las escondidas
todas las   cosas del mundo
aguardaban   en silencio
a ser   descubiertas.

Eso,
o el
profundo
vacío
de los
griegos,
el hueco
profundo
de los
nórdicos,
el mundo
contraído
de Brahma.
El silencio,
la nada,
el caos
por
encima
del
abismo
y el
abismo
mismo.

Las cosas quieren que las veas. Las estrellas siguen brillando después de muertas para que puedan ser admiradas. Los viejos faraones se momificaron para seguir ahí y ser temidos por las nuevas generaciones de esclavos. Las partículas subatómicas se muestran aparentemente esquivas ante los científicos, pero están ahí para ser "sorprendidas" en su alocada danza. Esa estrella fugaz pasó "casualmente" cuando miraste al cielo. Ella te clavó la mirada justo cuando por alguna razón volteaste a ver el tren del que acababas de bajar. El eclipse sucedió porque lo viste. Sin público, el espectáculo de la realidad no sucede, sea en la luz o en las tinieblas. Todo lo que existe aguarda sus 15 minutos o 14 000 millones de años de fama para estar por un instante en los ojos de otro, y morir. La realidad necesita un testigo. Ser es ser visto. Me miras, luego existo.

En el
principio era tu sexo.
La oscuridad primitiva de tu vello
coronando la llama encendida de tu sexo. El bosque
que se incendia en una orilla. La llama que es puerta y es ventana
y es herida que mira al Universo. Tu sexo crepitando como fuego
en la blancura láctea de tu vientre. La luz que hace visibles los deseos en la bahía indiferente de tus piernas. Y más allá, la cama, la
sábana y el tiempo. La noche acariciando tus misterios. El misterio de tu rostro no visible, el misterio de tu nombre no nombrado.
La verdad resplandeciente que nos habla con sus labios pintados

y dispuestos.
La mirada de tu sexo que me
mira como un ojo que da a luz a lo que
existe y que ignora que algún Dios, absurdo y solo,

espera el momento más propicio para tratar de apagar aquel incendio, con su espuma mortal que lleva vida. En el principio era tu vientre siempre blanco, como imagen viviente del desierto, y tu ombligo profundo y solitario, como una estrella tan brillante en otro tiempo que creó un agujero interminable que conecta ese mundo preterrestre con el mundo en que tu sexo se revela como un Dios, como una Diosa, como un fuego, que llama y que exige una respuesta que no busque apagar aquel incendio sino todo lo contrario y, sin embargo, que mitigue la llama que se quema, aunque llama se llame y no parezca que su fuego sempiterno la consume como a un Dios que se desangra en la escalera. En el principio era tu sexo vuelto llama. El ojo vertical que se ríe y se convierte en la casa del amor y sus efectos, y en telón de la comedia de la vida. En el principio era Courbet en su estudio en París a la mitad del XIX, reescribiendo el Antiguo Testamento, en un lienzo sin nombre que los otros llamaron *El origen del mundo*. Un lienzo que fue oculto y, sin embargo, nos mira desde siempre y nos asombra.

En el principio era el verbo.
Y dijo el cuervo:
Nevermore!

No había una vez. Fin.

¿Quién se cree Dios?
¿Quién se cree para crearlo todo,
para destruirlo todo,
para volver a crearlo de las cenizas
de lo que acaba de destruir?

¿Por qué nos deja envejecer
si va a seguir siendo un niño?

¿Por qué nos deja amar
si va a seguir buscando?

¿Por qué nos deja morir
si va a seguir viviendo?

¿Por qué nos deja hablar
si va a seguir callado?

Todo es tan poco, dice Pessoa, pero todo es demasiado, dicen los Beatles; pero la oscuridad no miente, dice Georges Bataille, pero voy a apagar la luz para pensar en ti, canta Manzanero.

Dice Adonis el sirio que hay que olvidar para crear, pero los Ángeles Azules se preguntan ¿cómo te voy a olvidar?, y Sabines escribió que el olvido es la sobrevivencia.

¿Qué hay de nuevo, viejo?, pregunta Bugs Bunny doblado por Jorge Arvizu. Nada nuevo hay bajo el sol, lamenta Cohélet, hijo de David, pero seguro que hay sol mañana, canta Annie. Hay que darse cuenta de que todo es mentira, que nada es verdad, confiesa Arsenio Rodríguez, "el Ciego Maravilloso", pero si dos se besan cambia el mundo, nos dice al oído Octavio Paz.

No se puede vivir como si la belleza no existiera, dice Luis Rius, pero hasta la belleza cansa, revira Manuel Alejandro. Hay quienes no rozaron ni un instante la belleza, canta Aute, pero lo más terrible se aprende en seguida y lo hermoso nos cuesta la vida, le responde Silvio Rodríguez.

Todos tenemos muchas mentes, dice Marvin Minsky, pero la neurona que me queda/me la quiero reservar/para el día en que me muera/no se me vaya a olvidar, canta Daniel Tuchman.

No vale nada la vida, canta José Alfredo, pero no hay que llorar, le contesta Celia Cruz, porque una vida lo que un sol vale, apunta Jorge Drexler, pero el que la goza la halla corta y el que la sufre la halla larga, dice Ramón de Campoamor. De pronto toda nuestra vida se concentra en un solo instante, dice Wilde y queda tan poco siempre, dice Óscar de la Borbolla, que hasta parece que uno ha acabado de nacer.

¿Qué pasó? ¿Qué fue lo que pasó? ¿Cómo comenzó todo? ¿En verdad hubo un principio, una razón, una causa, un efecto, un océano? O, acaso como plantea el budismo, ni siquiera vale la pena preguntárselo. El viejo texto sagrado Enûma Elish dice que lo secreto se hizo público y que los dioses recibieron su lugar en el universo. Aldous Huxley, en *La filosofía perenne,* nos habla de la Creación como "el incomprensible paso del Uno inmanifestado a la manifiesta multiplicidad de la naturaleza". Pero no percibe al Génesis como la condición para la Caída, sino como la Caída misma, como si el Génesis sólo fuera el trampolín hacia el fondo del abismo humano sobre el que alguna vez sobrevoló un viento de Dios. Tampoco lo percibe como el inicio de todo sino como un momento de transición. Para los egipcios, el Gran Espíritu no comenzó su labor creadora hasta que se hizo consciente de sí mismo en medio del océano infinito donde dormía la realidad. El acto que lo hizo consciente fue haberse nombrado a sí mismo. Y se nombró Ra, dios del Sol. Su posibilidad de crear al mundo le vino al nombrarse, porque sólo lo que se nombra existe y puede dar sentido a lo que nombra. En la mitología egipcia Dios inicia su travesía creándose a sí mismo a través del nombre (Ra), mientras que en la mitología hebrea Dios inicia su creación nombrando al mundo con las letras primigenias.

¿Qué fue entonces? ¿El Caos, el Uno fragmentado, la conciencia que tuvo el Gran Espíritu de sí mismo, el hecho de que una entidad sagrada se nombrara a sí misma o nombrara las cosas, o todo fue y sigue siendo una consecuencia de la abrumadora e insoportable soledad de Dios? Para el escritor francés Michel Houellebecq no hay dioses ni mitos primigenios, tal vez sólo esa soledad dolorosa y perenne: "El mundo es un sufrimiento desplegado. En su origen, hay un nudo de sufrimiento. Toda existencia es una expansión, y un aplastamiento. Todas las cosas sufren, hasta que son. La nada vibra de dolor, hasta que llega al ser: en un abyecto paroxismo". Y entonces, ¿qué pasó? ¿Qué nos hicieron? ¿Qué hicimos? ¿Cómo comenzó todo? ¿Es ese Caos del que habla Hesíodo y Ovidio la herida primordial, la ranura, la cerradura, el sexo y el abismo? ¿Qué pasó? ¿Cómo comenzó el mundo? "Todas las cosas sufren". "Todo lo que existe tiene un nombre". Existir es caer.

El principio fue mi fin. Incapacitado para terminar, carente de voluntad para cerrar una historia, de pronto quedé atrapado en un círculo de principios sin final. Un cinturón de asteroides emocionales golpeando mi castillo insomne. Una pelea de mil rounds justo en la zona en donde rompen las olas, sin poder entrar al agua ni salir de ella. Atrapado en el ruido del deseo, del amor instantáneo, efervescente, urgente y fugaz. Siempre empezando, siempre en explosión. Siempre quemándolo todo, destruyendo lo que se acerca. Sembrando el mundo con las cenizas del amor. ¿Hasta cuándo seguirá esta necia absurda incesante pulsión? ¿Hasta cuándo seré liberado de esta eterna maldición de empezar sin fin? El que todo comience una y otra vez no quiere decir que sepa cómo comenzó todo. El que todo desaparezca en su efímera combustión no quiere decir que encuentre su final. Y va pasando mi deseo por todos esos misterios y van pasando mis labios por todos esos labios y van pasando mis manos por todos esos cuerpos y voy dejando enredados enmarañados mis cables hilos cabellos en la salvaje turbulencia que me inflama y me ahoga en este archipiélago de carne y sueño. Y de pronto, estoy atrapado en una telaraña de historias que se cruzan y me confunden y confunden a cualquiera que se cruza en mi camino. Y no hay manera de seguirle el hilo a una trama así que sólo comienza y comienza y vuelve a comenzar, porque el amor siempre es para principiantes, porque el amor sólo sucede al principio y difícilmente acompaña a los amantes hasta el final. El amor es nuevo y tonto, inútil y doloroso. Está un instante y se va, se muda, se aburre, se muere y otra vez está empezando. Pero al principio siempre es ese tonto candor, ese insolente desafío en el que todo lo vivido vale poco ante un instante de belleza. El principio fue mi fin.

En el principio Dios buscaba un nuevo universo, no muy caro, con vista al Sol, lugar de estacionamiento y donde lo dejaran tener a su mascota, a quien llamaba humano: animalillo insoportable con quien Dios se divertía, obligándolo hacer cosas que él no se atrevía a hacer. Pero nunca ha sido fácil la mudanza, incluso para Dios. Toda mudanza es un *Big Bang*. Se desata lo incierto, se dilata lo inmóvil y no todo lo que sale llega y no todo lo que llega sale. En la mudanza, el Paraíso y el Infierno se quedan con la puerta abierta.

El principio fue, es, será, sigue siendo una mudanza. La mudanza eterna. La vida en cajas, encajándose en el mundo. La noche, la calle, la escalera. El ropero, el llavero, la abuelita. Un universo pasando a otro, traspasándose, a donde la historia se contará de otra manera, a donde lo que es nuevamente saldrá de la caja para ser, para no ser, para no ser siendo no siendo, siendo, no siendo. Siendo en lo que no es y siendo en lo que no fue, porque nada será si no ha sido sino lo que siempre.

¿Qué hacía Dios antes de crearlo todo?

A la maliciosa pregunta de ¿qué hacía Dios antes de crear el mundo? san Agustín solía responder con sarcasmo que preparaba el Infierno para quienes hacían esa clase de preguntas. Lo más pertinente hubiera sido que Dios preparara mejor a san Agustín para responder a dichos cuestionamientos que invariablemente hacían sufrir a los teóricos de la fe.

Antes de que la Biblia fuera escrita, los babilónicos plantearon en el Enûma Elish el nacimiento de los dioses —de dos en dos— en un ambiente acuoso e inestable, pero también imaginaron el ambiente primordial como un caos confuso e inconsistente donde nada tenía nombre ni límites. El caos era un caldo de cultivo propicio para la creación. El concepto de la *nada* no había nacido aún.

El Antiguo Testamento habla de que antes de que Dios creara los cielos y la tierra, ésta era "caos y confusión y oscuridad por encima del abismo", igual que en la *Teogonía* de Hesíodo, donde también se menciona un caos primigenio, desde donde debió surgir todo lo que existe. En su raíz griega la palabra *caos* significa un espacio que se abre, una hendidura, un resquicio, una herida.

El libro sagrado del Zohar nos revela que durante los dos mil años que precedieron a la creación, Dios miraba las letras fundamentales con que escribiría las palabras de donde surgió lo que existe. Las letras estaban ocultas en ese tiempo, pero el Amo de los mundos "las contemplaba y se deleitaba con ellas" hasta que de alguna manera se cansó de la mera contemplación y decidió ponerse a escribir.

Los egipcios pensaban que antes de la creación sólo existía Nun, un océano primordial e infinito donde estaban alojados todos los elementos y formas del Universo. Igual creían los mayas del Popol Vuh que no había "nada dotado de existencia" y que sólo estaba "el agua en reposo, el mar apacible, solo y tranquilo", y que el creador Tepeu, Gucumatz y los Progenitores estaban ocultos en el agua "rodeados de claridad".

¿Puede estar algo oculto rodeado de claridad? En el Zohar se dice que las letras primigenias también estaban ocultas, pero a la vez Dios se deleitaba contemplándolas, porque probablemente no haya nada oculto a los ojos de Dios. En el mito hebreo son las letras las que se ocultan y no el Creador; en la mitología maya son los Creadores los que se ocultan. ¿De qué o de quién se ocultaban? Nadie lo sabe. Lo cierto es que en todos los mitos del origen hay un misterio que se revela con claridad, un misterio que sale de la sombra.

La mitología húngara también se refiere a un mar sagrado con sus eternas olas siempre en movimiento. De un modo similar, para los japoneses antiguos, si bien antes de la creación también existía humedad, no se trataba de un océano sino de una ciénaga, igual que para los antiguos babilonios. Un pantano inhabitable rodeado de cielos y mundos donde ya había dioses, animales y demonios, sin testigos humanos de sus acciones. Por otro lado, los mitos australianos nos hablan de un periodo mítico llamado el tiempo del sueño, donde lo acuoso de las leyendas americanas, europeas y asiáticas se vuelve profundamente onírico: el agua del sueño.

La tribu Cheyenne, habitante del desierto, más que un mar, percibió un gran vacío en el que no había nada. Tanta nada había que Maheo, el Gran Espíritu, se sintió desolado. Lo primero que creó fue el mar para que por lo menos la nada nadara. La nada, al parecer, viene a ocupar el lugar del océano o del pantano original.

La pregunta sobre qué hacía Dios antes de la Creación era incómoda para san Agustín, pero resulta todavía más incómodo pensar que existió un lugar "antes que Él". Un tiempo sin Dios o por lo menos un tiempo en el que Dios no había llegado aún; tal vez porque hibernaba en las cavernas de la eternidad o germinaba en una gran maceta sagrada a la que le echaban poca agua. Este concepto se contrapone a la idea de un Dios inmanente y eterno, un Espíritu que fue antes de todo y que mora en el silencio, inmutable y omnipresente, así como lo veían los taoístas del siglo V antes de Cristo y como se le sigue percibiendo en muchas religiones.

Tratando de encontrar elementos comunes entre los mitos sobre el origen de diversas culturas (salvo el mito hebreo que señala un origen caligráfico del Universo), podemos decir que antes de la Creación había un escenario húmedo. Y que si Dios ya estaba ahí desde antes y no nació de la mezcla de esas aguas, básicamente no hacía nada, o estaba sentado en su trono dorado en las alturas, profundamente aburrido, o contemplando con regocijo las letras fundamentales o abrumado por su soledad infinita.

Podría ser que Dios siga inmensamente solo en la eternidad desde donde observa su creación como el vigilante desencantado que mira los monitores de las cámaras de seguridad de la empresa para la que trabaja. O podría ser que la creación multitudinaria de la que somos parte sólo sea una manera de repartir la carga, por lo que ha puesto un poco de su divina soledad y de su divina angustia en cada uno de nosotros.

Es lo malo de ser omnipresente y eterno. Le debe perder uno el gusto a las cosas. Como un niño mimado en un cuarto lleno de juguetes, ese aburrimiento podría llevarnos a escribir millones de páginas igual de aburridas que Él, y aun así no terminaríamos de describir su aburrimiento. Era un aburrimiento exasperante. Después de todo, ¿a dónde puede ir, si siempre está en todos lados? Su epidermis es el límite de lo existente y en su interior sólo hay un vacío insondable, pero no el melancólico vacío añorante de quien ha perdido a alguien y siente la ausencia de ese ser, sino el vacío de quien no ha tenido a nadie aún: una ausencia que es la suma de todas las ausencias posibles y que probablemente sólo Dios ha experimentado.

Si hubiera que escoger una sola respuesta a la pregunta de ¿qué hacía Dios antes de crearlo todo?, o a la pregunta de ¿qué había antes de Dios?, me quedo con la idea de los Vedas, plasmada en el Rig-Veda, donde se plantea que tal vez ni siquiera el mismo Dios conoce su origen:

Quién, pues, sabe de dónde surgió,
de dónde procede esta emanación,
si lo dispuso Dios o si acaso no fue él.

Sólo lo sabe el que todo lo ve desde lo alto de los cielos.
¡O quizá tampoco él lo sepa!

Imaginar qué hacía Dios antes de crear el mundo puede ser una pregunta tan ociosa como pensar qué hará ahora mismo, después de haberlo creado todo; o como imaginar a Dios, sin ir más lejos. Tal vez el misterio divino esconde tras de sí no a un Ser Supremo hecho a nuestra imagen y semejanza, sino un gran engranaje, una máquina indiferente y sagrada que no descansa jamás. Pero ¿si no fuera así?, ¿y si fuéramos un poco como Dios y Dios fuera un poco como nosotros?, ¿qué clase de Dios tendríamos? ¿Un dios deprimido y ansioso? ¿Un dios arrepentido de su creación? ¿Un dios autodestructivo? ¿Un dios presuntuoso y autocomplaciente? ¿Y si no hubiera un solo dios sino muchos como se pensaba antes? ¿Será que vivimos rodeados de dioses caducos e impotentes, cuyos creyentes se extinguieron en el tiempo?

El poeta mexicano Eduardo Casar escribió sobre los dioses descontinuados. Los imagina felices y desempleados, tomando cerveza y escribiendo versos. Y termina su poema diciendo:

A veces una uña
les recorre la espalda:
es el miedo, transparente y helado,
de que los hombres vuelvan
a creer que sí existen.

Pántheion

Los viejos dioses olvidados, aquellos que no supieron cuidar a sus creyentes y dejaron que se extinguieran, o aquellos que fueron extirpados de tajo por las catástrofes, conquistas y evangelizaciones de sangre, pasaban la eternidad confinados en un oscuro lugar acuoso muy parecido a la nada que había antes de que crearan el mundo. Algunos de ellos todavía emanaban un brillo crepuscular que recordaba los tiempos en que fueron omnipresentes y todopoderosos.

Una criatura enorme con cabeza de halcón, vestida de color dorado y con un pequeño sol rojo como tocado real, rompió un silencio de siglos y su sola voz removió un entramado de polvo y telarañas. Era Ra, uno de los dioses primigenios, creador y Señor de Egipto.

—Deidades del mundo antiguo. Yo Ra, dios del sol, he creado el viento, la humedad y todo lo que respira sobre este mundo; creé a la humanidad de las lágrimas de mi ojo y he visto nacer y morir a miles de generaciones bajo mi protección. He sido adorado y mi nombre es recordado incluso en estos tiempos, sin embargo, a pesar de todo, debo confesar que me sigo sintiendo profundamente solo.

Maheo, el Gran Espíritu de los cheyenes, le respondió con profunda tristeza:

—Yo entender perfectamente. Yo sentir un gran vacío después de haber creado el mundo. A veces yo pensar que esto es peor aún que el vacío que sentía antes de crearlo todo.

—Antes me ofrecían corazones y vidas. Ahora no me recuerdan ni en los libros de texto gratuitos —se quejó Huitzilopochtli.

—A mí ya no me esperan ni en Coatzacoalcos —agregó la serpiente emplumada mejor conocida como Quetzalcóatl.

—¿Y por qué no destruyen algo? —dijo el dios Shiva, un hermoso y maligno ser azul apenas cubierto con una piel de tigre—. A mí me funciona.

El hijo de Shiva, Ganesha, un majestuoso dios con cabeza de elefante, más inclinado hacia la empatía, intentó disuadir a su destructivo padre.

—¿Por qué no crear algo, mejor?

—¡Por favor! Crear, destruir, crear, destruir... ¡Es tan aburrido! —se quejó la bella y poderosa Isis—. ¿No se les ocurre otra cosa?

Tepeu y Gucumatz, deidades del Quiché, mismas de las que da relación el Popol Vuh, intentaron integrarse a la charla de manera poco afortunada:

—Si van a crear algo les recomiendo el maíz. Pega bien —recomendó Gucumatz.

Pero Huitzilopochtli, incendiario dios de los aztecas, quien conocía bien la historia de Gucumatz, exclamó:

—¡Y se los dice alguien que echó muuucho a perder antes de encontrar el maíz!

—¡Cómo iba yo a saber que el barro y la madera no iban a funcionar! —respondió Gucumatz.

—¡Kími ibi yi i sibir qui il birri y li midiri ni ibin i finciinir! —se burló Huitzilopochtli.

Unkulunkulu, viejo dios de la etnia zulu, decidió externar su opinión para romper la tensión:

—Unkulunkulu sugerir hacerlos con dos rocas, los hombres durar más.

Un hombre viejo con barba y cabellos de plata, ataviado con una túnica blanca, irrumpió en aquel intento de diálogo divino. Era el gran Zeus, otrora Señor del monte Olimpo y de todo aquello que desde ahí se divisaba. Tomando al entrañable Unkulunkulu por los hombros le dijo:

—Unkulunkulu, por favor, ya nadie usa rocas. ¿Por qué mejor no bajamos a divertirnos un poco como en los viejos tiempos? ¿Qué tal que nos convertimos en águilas, en toros o cisnes y vamos a jugar un poco allá abajo, eh?

Unkulunkulu imaginó felizmente por unos instantes la posibilidad de volar como un cisne. Era un dios inocente y no sabía que Zeus se volvía cisne, no para volar, sino para copular impune y salvajemente con cuanta humana se le cruzara en el camino.

Entonces el Buda detuvo a Zeus de tajo.

—No vamos a ir a ningún lado —sentenció Buda—, aquí nos vamos a quedar y nadie va a preguntar nada. El deseo no nos ayuda a llegar al Nirvana.

—¿Ah, sí? —reviró Zeus—. Y si tu Nirvana es tan bueno, ¿por qué no estás ahí, eh? ¿Por qué?

—Lo tuyo ya es hueva, pinche Buda, no quieres hacer nada y además es obvio que todos te cagamos —agregó Huitzilopochtli.

—¿Te cagamos, Buda? —preguntó Shiva.

Ganesha, el sabio hindú cabeza de paquidermo, intentó calmar los ánimos:

—¡Amigos, serenidad, podemos hacer música en vez de ruido! ¡Podemos encontrar armonía en medio de todo esto!

Zeus no permitió que eso sucediera:

—¿Le van a hacer caso al gordito amargado y al cabeza de elefante? ¿Qué les pasa? ¿Dónde quedó ese Gran Espíritu que creaba mundos y universos? ¿Ya se les olvidó el *Big Bang*! ¡Ustedes no eran así, muchachos! ¡Vamos a fecundar el mundo!

Jesucristo, en sus eternos treinta y tres, y con una voz que sólo se adquiere después de haber sido doblado en España, interrumpió a Zeus:

—Pero, hijos míos, ¿no deberíamos amarnos los unos a los otros?

—¡Sobre los otros! —exclamó Zeus—. Además ésta es una plática de adultos. ¡Dios de los judíos, controle a su hijo!

Jesucristo intentó defenderse:

—Yo opino que...

YHVH no dudó en intervenir:

—Hijo, métete a la casa por favor.

—Pero, papá —lloriqueó Jesucristo.

—Nada de "pero, papá". ¡Adentro! —ordenó YHVH.

—¿Para eso querías que muriera en la cruz? —reclamó Jesús.

—No vamos a discutir eso ahora. ¡Adentro! —gritó YHVH.

—¿Para eso me hiciste sufrir por toda la humanidad? —chilló el hijo del hombre.

El dios Ganesha, célebre por su paciencia y sabiduría, no pudo contenerse y encaró a Jesucristo:

—A ver, muchachito, no eres el centro del Universo. A mí mi padre me cortó la cabeza, y ni siquiera estoy seguro de que fuera mi padre.

—¡Claro que soy tu padre! —dijo Shiva—. Creo...

—Pero por lo menos tu padre se sintió culpable de cortarte la cabeza y te puso una de elefante —le dijo Jesús.

—¡Y luego se sintió culpable de ponerle esa pinche cabezota de elefante y ya no hizo nada! —rio el pícaro Zeus.

Ganesha, el sabio, se vio obligado a decir:

—¡Ya cálmate, pendejo!

Intentando desviar la atención, Tezcatlipoca, el dios del espejo negro, reveló:

—¡Yo tuve que darle de comer mi pie al monstruo de la tierra para distraerlo y poder hacer la Tierra!

Los dioses se le quedaron mirando a Tezcatlipoca con un súbito extrañamiento, que rompió Huitzilopochtli al preguntar:

—No mames, ¿a quién se le ocurrió esa mamada de poner tu pata de carnada?

—¡A ti, culero! —respondió Tezcatlipoca.

La diosa Coatlicue, inmensa y espeluznante, salió de quién sabe dónde y amenazó al unísono con sus cabezas de serpiente:

—¡Síguele, Huitzilopochtli, síguele, cabrón...! Te las estoy guardando todas...

Sin reparar en los problemas preedípicos de Coatlicue y Huitzilopochtli, Zeus volvió a tomar control de la situación.

—Miren. No tenemos por qué hacer un drama. Yo luché contra mi padre, lo derroté y luego lo encerré, pero mi padre castró al suyo, ¿verdad, papá?

—Sí, pero porque me lo pidió tu mamá —aclaró Cronos.

—Jesucristo, lo tuyo no es tan grave —volvió Zeus—, si quieres te ayudo a vengarte.

Gea, la madre de Zeus, no tardó en salir a callar a su problemático hijo.

—¡Zeus, gobiérnate! Ya hay demasiados dioses muertos.

—¡Mamá! Es que si no me vengo, me siento incompleto...

La figura imponente de Brahma, con sus cuatro cabezas barbadas y sus cuatro brazos apareció iluminando los rostros de los dioses ahí presentes, e incluso de algunos que preferían seguir sin ser vistos.

—¡Silencio! —ordenó.

Y se hizo un silencio sagrado en aquel improbable lugar.

—¿Ah, verdad? —desafió Brahma.

—¿Qué te trae por aquí, viejo amigo? —le preguntó el viejo Ra.

—Llevo siglos aquí, Ra, sólo que no había dicho nada.

—¿Y qué te ha hecho romper el silencio?

—No puedo permitir que en un momento de soledad o de debilidad tú o cualquiera de ustedes vuelvan a cometer la locura de crear algo —explicó Brahma—, ¿escuchaste, Ganesha?

YHVH saltó desde su trono decolorado:

—¿Qué tienes contra la Creación?

—Si no hubiéramos creado nada no estaríamos aquí —agregó Huitzilopochtli—; además, nadie hubiera creído nunca en nosotros.

—Unkulunkulu hacer al humano con dos rocas —dijo Unkulunkulu.

—Muy bien, Unkulunkulu —dijo Brahma, dándole unas palmaditas en la cabeza, pero nadie va a crear nada más.

—Yo ni ganas tenía —dijo Buda.

—¡Tú nunca tienes ganas de nada, pinche gordo! —reclamó Zeus.

—¿Ya ven? Ya lo dijo Brahma: ¡A destruir todo! Pásenme el guante de Thanos —profirió un exaltado Shiva.

—Nadie va a destruir nada, Shiva —dijo Brahma.

—Ooooooooch —masculló Shiva.

De pronto todos los dioses guardaron silencio y la voz de Ra pudo ser escuchada con claridad y tristeza.

—Yo sólo quisiera apagar esta infinita soledad.

Brahma se le acercó y le dio un abrazo con sus cuatro brazos y lo besó con sus cuatro bocas, mientras le decía:

—Amigo, percibo tu insondable dolor. ¿Por qué no cambias de rumbos una temporada? ¿Qué tal un fin de semana de 500 millones de años en GN-z11?

—¿Crees que eso me ayude a no sentirme tan solo? —preguntó Ra, desesperado.

—Por supuesto que no, amigo, a donde vayas te vas a sentir igual de solo —respondió Brahma, súbitamente inspirado—. ¿Qué no te das cuenta? Eres el sol de la soledad. Tu soledad alumbra al mundo y no se apagará jamás. Mientras tú brilles, los humanos se sentirán solos aunque estén acompañados y así será hasta que dejen de existir.

Jesucristo se entrometió nuevamente:

—Pero, ¿y el amor?

Brahma ladró:

—¡Ay, por favor!

El vetusto Cronos, visiblemente enojado, le preguntó a YHVH sobre su amado hijo:

—Con todo respeto, ¿me lo puedo comer?

YHVH miró a su hijo con un dejo de frustración y le dijo con severidad:

—Hijo, por última vez, ¡métete a la casa de Dios!

Ra regresó a su tema:

—¿Entonces debo aceptar mi soledad de sol hasta consumirme por completo sin esperar nada a cambio?

—Sobre todo sin esperar nada a cambio —agregó Buda—. No esperar nada es el secreto de la felicidad.

—Entonces, ya de coger ni hablamos, ¿verdad? —preguntó un incrédulo Zeus.

—Controla tus deseos, Zeus —le pidió Buda.

—¡Controla tu alimentación, pinche obeso! —replicó Zeus.

El viejo Ra recordó una anécdota:

—Mis nietos Geb y Nub, el cielo y la tierra, copulaban desde que nacieron, pero mi hijo Shu, el viento, sintió celos y se puso entre ambos.

—¡De los novios de mi madre mejor no hablamos! —bromeó Zeus.

—¡Cállate, imbécil! —ladró Gea—. Tú no te coges a ti mismo porque no te alcanzas.

—Unkulunkulu saber que el sol también ser una roca —agregó Unkulunkulu.

—¡Ya mejor llévame, Diosito! —suplicó Jesucristo.

Cronos tomó a Jesucristo con su mano gigante y lo condujo hacia sus enormes fauces, mientras apenado se justificaba:

—¡Que conste que el joven lo está pidiendo a gritos!

En ese momento Alá llegó en un carruaje dorado y dijo:

—¡Nadie va a comerse a nadie si yo no lo deseo!

El abuelo Cronos se quedó con el Jesús en la boca, a punto de engullirlo. Alá agregó:

—Aunque, en este caso en particular, sí lo deseo.

Cronos no dijo más y devoró a Jesucristo de un bocado. Alá siguió con su discurso:

—Los veo confusos y débiles. Sólo vengo a hacerles saber que Alá está con ustedes.

—¡Y con su espíritu! —gritó Jesucristo desde las entrañas de Cronos.

—¡Cállate ya! —ordenó YHVH.

—Al final de los tiempos —prosiguió Alá—, quienes hayan hecho buenas acciones y hayan leído el Corán estarán conmigo en el Paraíso.

—Creo que estás confundido, Alá —dijo Zeus—; aquí todos somos dioses olvidados por nuestros pueblos y no hay nadie que nos gobierne más que la desesperanza eterna.

Alá respondió sin afectar su gesto impávido y misericordioso:

—En mi Paraíso serán recibidos por ángeles y se cumplirán todos sus deseos.

—¡Ah, caray! A ver, cuéntame más —dijo Zeus irónico—. ¿Qué te pasa? ¿Qué no ves que aquí todos vendemos tiempos compartidos?

—Yo no vendo nada —aclaró Buda.

—Es sarcasmo, Buda —reviró Zeus.

—¡Pues acláralo! —se quejó Buda.

—¡A mí siempre me dijeron que era el único! —gritó YHVH.

—¡Ay, pobrecito! —dijo Gea, conteniendo una carcajada—. ¿Y te la creíste?

—Yo soy el único, el eterno e indivisible —sentenció Alá—. Ustedes sólo son algunas de mis manifestaciones entre los mortales.

Yo traje la vida fuera del agua y creé a Adán y a Eva en el Cielo y luego los expulsé a la Tierra.

—¿Y a nosotros?, ¿quién nos expulsó? —preguntó Shiva.

Zeus se les quedó mirando con un gesto de radical incredulidad. Y entonces dijo:

—¡Qué densos! ¿Saben qué? Yo me voy allá abajo a sacudir un poco el cuerpo.

Jesucristo se le sumó en el acto:

—¿Puedo ir contigo?

—¿De dónde saliste? —preguntó Zeus—. Pensé que te había comido Cronos.

—Resucité —fanfarroneó Jesucristo—, es lo que hago siempre.

—¡Eso es todo! —dijo Zeus—.¡Unkulunkulu! ¿Vienes o te quedas?

—¡Unkulunkulu ir! —dijo Unkulunkulu.

Mientras los veía descender al mundo de los humanos, Ra sólo pudo decir:

—De todos modos seguiremos solos.

—Tal vez sólo nos queda morir —añadió Ganesha.

—¡Dios nunca muere! —exclamó Alá.

—¡Ésa es buenísima! —aulló Coatlicue—. ¡Cántala!

—Los dioses también mueren —dijo Brahma y se hizo un silencio lapidario, hasta que Jesucristo lo rompió diciendo:

—Eso dijo Nietzsche y hoy pregunto, ¿quién es el que está muerto?

—¿No te habías ido ya? —preguntó Shiva—. ¿De qué hablas?

Brahma se puso serio:

—Antes de mí había un relato de la Creación. Hubo un dios antes que nosotros llamado Púrusha. El Universo surgió de su ser en descomposición. Tal vez sea la única historia verdadera de todas las que hemos contado durante milenios.

Entonces Marduk tomó la palabra:

—El Universo es un gran cementerio de dioses, Brahma.

—Buenas noches, Marduk —saludó Brahma.

—Buenas noches, Brahma —respondió Marduk.

—Decías...

—Yo hice al mundo nuevo partiendo en dos el cadáver de Tiamat, la madre inmemorial. Los dioses descendemos de los viejos dioses muertos. Un día nosotros también moriremos y surgirán nuevos dioses.

—¡Pero se supone que somos eternos! —clamó YHVH.

—Sí, pero la eternidad ya no dura como antes —remató Brahma.

Huitzilopochtli, siempre jocoso, no perdió la ocasión para decir:

—¿Ya ve, Yahveh? Como decía el poeta Nezahualcóyotl: "Aunque sea de jade se quiebra, aunque sea de oro se rompe..."

—¿Y la soledad? —insistió Ra.

—Ah, ésa sí es eterna —respondió Brahma—, ¡sobre todo cuando se está acompañado!

Los dioses olvidados soltaron una carcajada, menos Ra —obviamente—. No iba a descuidar su soledad por un fugaz momento de disipación. Después de todo, ya sólo su soledad creía en él. Era lo último que le quedaba en ese cementerio de dioses desahuciados para sentir que tenía sentido su existencia. Por lo menos era el dios de su soledad, el sol de su soledad. El tenue resplandor que hacía visible su sombra.

Somos
la suma de todo
aquello en lo que
hemos dejado
de creer.

Un día dijo Dios: "Háganse las drogas". Vio Dios que las drogas estaban bien y alucinó. Creó el agua y diseñó las nubes, una por una, se imaginó animales extraños como las anémonas, las moscas, las avestruces y los murciélagos; dibujó una a una las hojas de los árboles y trazó la trayectoria de los colibríes y la caligrafía del relámpago. Creó las sombras y las nebulosas, los aromas y las cosas sutiles. En lo más alto de su viaje introspectivo (el único que Dios podría hacer) dotó a las criaturas de ojos para poder verse desde todas las perspectivas posibles.

Pero el efecto de las drogas decayó y Dios se sintió solo y angustiado, incluso paranoico. Su primera reacción fue crear más drogas, cada vez más potentes, pero nada de lo que creaba satisfacía ya su compulsiva vocación por el *Big Bang* instantáneo. Luego le vino la culpa y, al mismo tiempo, drogas más y más fuertes. Y entonces creó la guerra antinarcóticos y dividió el negocio y sembró el caos en la Tierra como parte de su malviaje eterno.

(Toma dos)

Y entonces Dios dijo: "Háganse las drogas". Y de la nada comenzaron a crecer por todas partes hierbas y frutos extraños, hongos sagrados y cactáceas luminosas dispuestas sobre el cuero del mundo para tentar y perder, para enseñar y confundir, para curar y elevar y luego dejar caer.

A menudo los hombres encadenados a ellas le preguntan a Dios en su desesperación: "¿Por qué, por qué las creaste si sabías que éramos débiles? ¿Por qué no las hiciste como el resto de las cosas que nos hartan y nos aburren al poco tiempo?".

No hay respuesta. Sólo hay más drogas.

Hubo un hombre que dijo que drogarse era elevar una plegaria a Dios, que Dios se manifestaba en las drogas y que las drogas eran el camino hacia Dios. Dijo que nadie debía avergonzarse de los medios que lo llevaran ante su infinita presencia. "Todos tenemos derecho a Dios."

Ese hombre fue juzgado y crucificado en el medio tiempo de un partido de futbol.

Para
sobrevivir
a Sí mismo
Dios se hizo Dos.

Dios
es Dos,
pero es un Dos
con un uno en medio.

Es DIos,
porque el Dos
contiene al Uno.

Aunque,
si se observa bien,
Dos es Tres,
Tres es Cuatro
y Cuatro es Seis,
a la vez que Seis es Cuatro
igual que Ocho y Diez
y sólo Cinco es Cinco.

Y sin contar con Dios
sigue contando.

El principio del Universo:

La letra-número-átomo
La palabra-cifra-molécula
La frase-ecuación
El diálogo-geometría
El poema-álgebra

A

En el principio
era una palabra
en la punta de la lengua,
mirando al horizonte.
A punto de saltar
desde la piedra más alta
de una montaña
hecha de todas las palabras
que están por decirse.
Una palabra
en la punta de la lengua
que de pronto se dice...

B

...y en el momento
en que la palabra se escucha
en medio del silencio,
empiezan a germinar oídos
por todo el Universo
para escucharla.
Y ojos para verla,
y manos para tocarla.

En el principio era el silencio omnipresente. Ahí fue donde apareció la música. Al principio eran pequeños sonidos aislados: el aletear de una partícula, el rechinido de un átomo, el zumbido de un abismo. Sonidos perdidos en la noche que se fueron multiplicando como el canto de los pájaros al amanecer. Era el amanecer del tiempo. De pronto, los sonidos primigenios buscaron una nota común. Lo que parecía un sonido indescifrable era en realidad el preámbulo de la música. Una orquesta de partículas afinándose minutos antes del concierto, la gran afinación de las cuerdas que habrían de hacer sonar las primeras notas escritas en el pentagrama del tiempo: la música de las esferas, la gran sinfonía cósmica donde todo vibra y gira y canta y brilla. La música es luz. El silencio, la oscuridad a la que siempre regresa. Nos creó para ser escuchada y, a la vez, somos música vibrando en el tiempo. No vamos hacia la muerte. Vamos hacia el silencio. De nosotros está hecho.

Teoría del Multiverso

En el principio era el verso.
La rima de las partículas
inestables y ridículas
que crearon el Universo.
No es que hicieran mucho esfuerzo
ni supieran lo que hacían,
tan sólo se entretenían
y al unísono vibraban,
sus letras las combinaban
y otros versos escribían.

Un bisílabo al inicio
bifurcaba los caminos,
rumbo a los alejandrinos
al borde del precipicio.
Y no es que se hiciera vicio
hacer coplas y tercetos,
o décimas y sonetos
y galaxias de poesía,
pues la cosmogonía
florecía en su alfabeto.

Tantos versos y universos
incendiando el panorama
hicieron un caligrama
indescifrable y disperso.
El anverso y el reverso
de lo que ha sido creado.
Un poema inacabado
de palabras fugitivas.
¡Léelo mientras vivas,
antes que seas devorado!

La Gran Carcajada Cósmica

La teoría de que el Universo es una broma de Dios, y que lo que consideramos la Gran Explosión es en realidad una gran carcajada cósmica fue desechada en el siglo XIV por los monjes benedictinos que transcribían textos profanos del medioevo y hacían audiciones para la versión cinematográfica de *El nombre de la rosa*.

"El hombre piensa, Dios ríe", dice un viejo proverbio hebreo. Lo cierto es que la risa estalla y lo que los científicos han registrado como el inicio de los tiempos es un fenómeno curiosamente conocido como la Gran Explosión. Un estallido que estalla y *está-allá* en el origen del Universo, estallando, vibrando y resonando por el tiempo y el espacio como un gran pastelazo de energía y materia y mucho merengue.

La peculiaridad de la teoría de la Gran Carcajada Cósmica (LGCC) es que, si el Universo no es otra cosa que la risa de Dios, podría ser que éste y todos los accesorios de la Creación fueran absolutamente involuntarios, como lo es la risa. Y si el Universo es un acto motor divino, un reflejo involuntario de una conciencia superior, podría ser que todo fuera absurdo y que nada tenga sentido, lo que —en primera instancia— explicaría claramente la conducta de mi gato.

Otras vertientes de esta teoría nos hablan de una Gran Flatulencia Subatómica, mientras que el escritor Douglas Adams plantea que el Universo surgió "de un estornudo de la nariz de un ser llamado Gran Arklopoplético Verde". Más allá de estas hipótesis laxas, si revisamos los grandes acontecimientos físicos, astronómicos e históricos que conforman nuestra precaria visión del Universo, pareciera que el Gran Creador tiene un muy peculiar sentido del humor, salvo en el caso de la música de Elliot Smith, que es considerada una singularidad tristísima en el entramado cósmico.

No deja de ser paradójico que el final de este modelo de Universo sea tan terrible y trágico. Con el paso de los milenios LGCC va perdiendo fuerza puesto que el chiste pierde sinsentido y se vuelve literal. El Universo se pone serio. LGCC se apaga. Nadie vuelve a reír jamás. Lo que no quiere decir que el Gran Chiste no seguirá ahí, subversivo y lacónico, esperando el momento de estallar nuevamente.

```
e        .
  l        .
    h        .
      u    e
        m    y
          o    u
            d    l
      e        i
    l            d
  t            e
  i            s
    e          o
      m      p
```

En el principio era el café. La oscuridad
humeante del café en la mañana del mundo
(de ese mundo que ahora llamamos Universo).
Negro café hirviendo, con el aroma de los orígenes del cielo,
Toman-   do la forma de la taza que lo contiene; el hueso
inm-   emorial que Dios acerca a su boca sólo para
quemarse la lengua y alejarse para siempre, maldiciendo,
mientras el café, ese agujero negro en la
taza del tiempo, se resigna a un triste
y lento y largo enfriamiento.

En el principio era Dios dándole cuerda al reloj.
Luego Dios salió de casa y olvidó el reloj.
Sus manecillas giraron durante algún tiempo.
Luego dejaron de hacerlo
y Dios no volvió.

En el principio era el reloj dándole cuerda a Dios.
Luego el reloj salió de casa y olvidó a Dios.
Sus creyentes rezaron durante algún tiempo.
Luego dejaron de hacerlo.

En el principio eran las partículas replicantes. Millones de milenios después los humanos las llamaron Dios sin saber que eran ellas. Pensaron que habían sido creados con un propósito, pero no fue así. Las partículas no crearon la vida como un acto estético. No hubo una creación como tal, como dicen los antiguos testamentos. Los virus cultivaron la vida para alimentarse y aguardan en su nube cósmica a que la órbita de sus granjas pase nuevamente sobre su hambre infinita. Hambre no en el sentido de alimentarse para vivir, como lo hacen las criaturas terrestres, más bien, hambre divina de replicación eterna, hambre asesina, en la que la vida que conocemos es sólo el abono para una existencia superior, una existencia sin vida. Ellas. El eco infinito, la forma en que la muerte aprendió a permanecer gracias a la vida. Todo lo demás: nuestras vanas existencias, nuestros sueños, las civilizaciones enteras, son la breve ilusión de quienes se saben condenados. Las partículas replicantes nos tienen. Somos la materia prima de su agricultura.

En el principio era el miedo.
Luego vino la adoración, la sumisión,
la resignación, la soberbia,
la desobediencia y el castigo.
Al final, el miedo vendrá
nuevamente por nosotros,
y nos acogerá en su regazo.

Yo

SOY

Dios es un palíndromo.

Cómo hacer un *Big Bang*

1. TOME ESTE LIBRO.

2. PRÉNDALE FUEGO.

3. ARRÓJELO SOBRE CUALQUIER COSA QUE PUEDA INCENDIARSE.

4. PÓNGASE SUS LENTES DE SOL.

5. ¡A DISFRUTAR DEL BIG BANG!

Deuteronomicón

Sólo hay una Ley. Una sola Ley. No hay ninguna ley por encima de la Ley. Todos debemos acatarla pero nadie debe hablar de la Ley. Nadie debe escribir sobre la Ley. Todos deben saberla y vivir conforme a la Ley, pero nadie debe enseñarla ni dar explicaciones sobre ésta. Quien no acate la Ley será juzgado en el Cielo y su castigo será en la Tierra, donde padecerá numerosas calamidades y desgracias.

Un hombre cumplió con la Ley y fue recompensado con una vida larga y pródiga. Otro ignoró la Ley y fue maldecido, condenado a vagar eternamente sin encontrar nunca un lugar de reposo para su alma. Una anciana china no acató la Ley y le crecieron las uñas hacia adentro de la piel y, cuando lloraba, en vez de lágrimas le salían moscas que zumbaban alrededor de su cabeza. Un abogado incrédulo violó la Ley y vio morir uno a uno a todos los seres que amaba y luego tuvo que comerse sus huesos triturados. Una estudiante de Estados Unidos pensó que la Ley no era real y en el momento menos pensado se transformó en un poni. Un famoso actor de Bollywood creyó que la Ley se trataba de una broma, se fue a dormir y despertó en un ataúd, enterrado bajo tierra, sin que nadie escuchara sus gritos. El presidente de Brasil desobedeció la Ley y se convirtió en el presidente de Argentina. Un sacerdote italiano intentó explicar la Ley a sus feligreses y se secó como una higuera, el agua lo quemaba y las gotas de lluvia no tocaron su cuerpo nunca más. El equipo de futbol más querido de Grecia se burló de la Ley y dos días después cayó el avión en el que viajaban en medio del océano y jamás pudieron encontrarlo. La madre del piloto de ese mismo avión desobedeció la Ley y perdió a su hijo en el avionazo. El director de orquesta más famoso de Berlín nunca consideró la Ley y un día se le cerraron los oídos y le crecieron pelos en la lengua y en los ojos. Sólo hay una Ley. Una sola Ley. Quien no la acate será juzgado en el Cielo y castigado en la Tierra, se caerán sus partes a pedazos y sólo podrá alimentarse de sí mismo, y se comerá sus manos y sus pies, y seguirá con sus brazos y sus piernas, y terminará con su sexo y sus entrañas. Nadie debe hablar ni escribir de la Ley. No hay ninguna ley por encima de la Ley.

Metatron y Cthulhu

Contaron los ancestros que Metatron, el arcángel más poderoso de todos y el más cercano a Dios, cuya piel y cabellos son de fuego, agitó sus setenta y dos alas y salió volando hacia la ciudad sumergida de R'lyeh en busca de Cthulhu, la antigua criatura venida de un lugar antes del Tiempo y que duerme esperando el momento para regresar y seguir sembrando caos y confusión. Metatron lo buscó en las regiones abisales con sus miles de ojos incandescentes y lo encontró bajo una montaña submarina que se había formado sobre su masa gigantesca y monstruosa. A su alrededor yacían los restos de cientos de embarcaciones de todas las épocas de la especie humana, que naufragaron por los influjos de la montaña maldita en que Cthulhu se había convertido. Durante milenios nadie había escuchado su nombre hasta que en la primera mitad del siglo XX el escritor y vidente H. P. Lovecraft escribió algunos textos describiendo a la criatura ancestral con lujo de detalles. Esto en su tiempo se tomó como una expresión meramente literaria y no como lo que realmente era: una advertencia, la manifestación irrefutable de las emanaciones de una entidad maligna. Metatron, la cabeza suprema, se quedó contemplando aquel escenario desolado donde el agua misma envenenaba a los seres que por descuido se acercaban, sacó su espada y avanzó hacia la montaña dispuesto a terminar con el monstruo. En la ladera de la montaña, sus ojos se encontraron con su reflejo, como si la piedra hubiera formado un espejo natural. Metatron se miró y quedó paralizado. En la imagen que veía sus ojos eran cuencas oscuras y sus alas habían sido arrancadas. Las letras de su nombre sagrado tatuadas en su rostro comenzaron a borrarse una a una hasta que ya no podía leerse nada y sus manos de fuego se habían apagado. Metatron cayó arrodillado sobre el fondo del mar con una sensación jamás experimentada anteriormente. Algo parecido a eso que los mortales llaman miedo. Cuando bajó la mirada para ver sus manos se dio cuenta de que seguían encendidas como siempre. Era Cthulhu metiéndose a su cabeza desde su profundo sueño. Era su llamado, su forma de pelear. Metatron levantó su espada y, antes de dar el golpe mortal, la montaña se abrió vomitando millones de piedras y Cthulhu emergió como una montaña todavía más grande que aquella de donde había salido. El monstruoso engendro levantó su cabeza llena de tentáculos e hizo un chillido parecido al que hacen muchas bestias cuando mueren. De un zarpazo arrancó la piel en llamas de Metatron, misma que devoró dejándolo en carne viva y humeante como un bosque después de un incendio. Apenas hubo derrotado al arcángel de Dios la criatura se dirigió al mundo terrestre, donde acabó para siempre con la especie humana. Entonces Metatron se dio cuenta de que nuevamente estaba siendo engañado. Que Cthulhu, desde su sueño, podía gobernar la mente de quienes se le acercaban demasiado e incluso enviar sueños a entidades más lejanas, como probablemente había sucedido en el caso del escritor H. P. Lovecraft. Era imposible hacerle daño mientras estuviera dormido. Metatron intentó alejarse de la influencia maligna y onírica de Cthulhu. Comprendió que sería más fácil de vencer despierto que dormido o vencerlo en el mismo territorio desde el que lo atacaba, pero en ese momento apareció la serpiente Leviatán y se enroscó sobre su cuerpo y sus alas impidiéndole moverse bajo el agua. Cthulhu se sintió amenazado y pidió refuerzos. El esperpento intentó morder su mano ardiente pero se quemó las fauces mientras Metatron le arrancaba su lengua viperina. Metatron aprovechó el desconcierto de la bestia para sacar nuevamente su espada y decapitarla de un tajo, pero de su cabeza empezó a brotar un nuevo cuerpo de serpiente y de su cuerpo todavía retorciéndose comenzó a brotar una nueva cabeza cargada de veneno. El temor que Metatron inflige en el mundo celeste y terrestre no existía en esta región apartada del mundo subacuático donde se le desafiaba y se le quería exterminar. Por un momento, el arcángel dudó si acaso toda esa creación oscura y maldita no era obra también de su Padre y Maestro. Lo recorrió la extraña impresión de que tal vez había sido enviado a una misión sin salida, a una trampa mortal ante las bestias invencibles, pero sólo pensarlo lo aterró. El Maestro le había confiado las doce llaves celestiales y los misterios de los cuatro mil quinientos ríos del bálsamo. Si lo había enviado a enfrentar a Cthulhu es porque Él sabía que Metatron podía derrotarlo con el poder inagotable de su nombre, que no es otro que el nombre de Dios. Antes que Leviatán terminara de transformarse en dos ofidios bajo el influjo poderoso de Cthulhu, Metatron agitó sus alas y se elevó por encima de las serpientes del abismo, cerró sus miles de ojos incandescentes y las letras de su rostro comenzaron a encenderse como brasas hasta que pudo leerse la palabra "Shadai". Pero las bestias no saben leer, lo único que las criaturas observaron fue un doloroso resplandor que iluminó por un instante los viejos barcos hundidos con una luz dorada que las convirtió en dos estelas de polvo disipándose en el agua. Metatron, príncipe del Cielo, regresó frustrado a su Reino. Desde el interior de la montaña Cthulhu sonrió maliciosamente en su sueño.

La curiosa extinción de los paradigmáticos seres del futuro

Los paradigmáticos seres del futuro descubrieron demasiado tarde que el origen del tiempo estaba en un punto en el espacio al que se habían estado acercando tan lenta y paulatinamente durante milenios que, paradójicamente, casi no tuvieron tiempo para percatarse de que colisionaban contra el principio de los tiempos.

Aun así, el hallazgo los llevó a reflexionar brevemente, justo antes de entrar en combustión, que mientras los contradictorios habitantes del pasado buscaban su principio en el pasado, los paradigmáticos seres del futuro encontraron su principio en el futuro. Empezar fue su destino porque justo así lo imaginaron.

Los paradigmáticos seres del futuro sabían desde mucho tiempo atrás que el principio vendría después. Era una esperanza para todos. Lo esperaban con ansias. "Se va a poner bueno cuando todo empiece", decían.

No esperaban a los bárbaros de Kavafis, ni a Godot, ni a Jesucristo, ni al Anticristo. Los paradigmáticos seres del futuro tenían otra lógica. Esperaban que empezara la fiesta. Cuando se vieron en llamas supieron que —finalmente— había comenzado su *Big Bang*.

La evolución de las especies según la interpretación del Rabí Aba

Deposite un árbol en la sala de su casa. Déjelo reposar catorce mil millones de años y tendrá un maravilloso comedor provenzal con seis sillas.

Coloque un comedor provenzal con seis sillas de madera en la sala de su casa. Espere diez mil años y tendrá un bosque de coníferas.

Ate un pedazo de acero a su muñeca. Aguarde aproximadamente doce mil años y tendrá un maravilloso reloj *water resistant*.

Mantenga su reloj *water resistant* atado a su muñeca. Aguarde otros doscientos mil años y tendrá un río caudaloso de agua pura y cristalina.

Busque un lugar sobrepoblado de piedras. Colóquese en medio de éstas y trate de dormir durante diez mil años. Despertará en un departamento de interés social en obra negra.

Duerma otros tres millones de años en su departamento y despertará en el interior de una montaña, o de una cordillera, si es que vive en un conjunto habitacional.

Coloque un zorro sobre sus hombros. Obligue al animal a quedarse ahí unos ocho años hasta que se transforme en un elegante abrigo. Deje el abrigo en el guardarropa de algún bar y no vuelva a verlo jamás.

Deposite un mono en una incubadora y al paso de quinientos mil años tendrá un hijo.

Deposite a su hijo en el mundo y al cabo de tres o cuatro lustros tendrá un mono.

Reúna toda la belleza posible a su alcance. Obsérvela fijamente durante el tiempo de una vida y le parecerá espantosa.

Recoja toda la mierda del mundo y construya con ella una torre interminable. Quédese a mirarla durante un siglo y obtendrá la poesía.

Diálogo de Yi King con un joven aprendiz

En una montaña azul que levitaba sobre las aguas del tiempo, el sabio recibe la visita esperada-inesperada de un joven discípulo que por venir viendo el cielo cayó al abismo y murió anticipadamente.

—Oh, gran maestro Yi King, ya que me he adelantado en mi llegada al Cielo, quisiera saber, ¿quién creó el mundo? —preguntó el joven aprendiz.

—Kien creó al mundo —le reveló el maestro sin preámbulos.

—Dígamelo —insistió el discípulo.

—Kien fue —repitió el maestro.

—Quiero saberlo —dijo el joven.

—Ya te lo he dicho —reviró el sabio.

—¿Quién? —volvió el alumno.

—Kien —volvió el maestro.

—¡Exacto! ¿Quién? —persistió el imberbe.

—¡Pues Kien! —estalló el iluminado visiblemente molesto.

—¡Ésa es la cuestión! —se iluminó el escolapio.

—Kien creó el mundo —confirmó el sensei.

—¡Dígalo ya! —machacó el necio.

—¡Maldita sea! ¡Kien! —ladró el profeta manoteando en el aire.

—Creo que no me estoy dando a entender —dijo el muchacho.

—No —dijo el sabio—, el idiota eres tú, no yo.

—Maestro, reconozco mi ignorancia —dijo el joven discípulo—, sólo dígamelo una vez.

—Kien —dijo por enésima vez el sabio sin entusiasmo alguno.

—Por favor, maestro.

—Kien —volvió a decir el demacrado ancestro.

—¿Quiere que yo se lo diga?

—¡No quiero que me lo digas! —rugió el maestro mientras le reventaba su bastón en la cabeza—. ¡Yo lo sé! ¡Yo sé quién es Kien!

—¿Y quién es?

—¡¡¡Kien!!!

—¡¡¡Aaaaaaaaaaaaaaaaaaaaaaaaaaaaaaaaaaaaaaaaaaaaaaaa aaaaaaaaaa!!!

El joven se arrojó al abismo nuevamente. El sabio pensó que la visita esperada-inesperada del joven aprendiz era una prueba para medir el estado de su alma y después de eliminar el ruido interior volvió a levitar junto con la montaña sobre las aguas del tiempo.

El joven aprendiz, de regreso al mundo de los que respiran, pensó que la vida le había dado una segunda oportunidad. Que quizás aún no estaba preparado para comprender los misterios insondables de la vida y de la muerte. Recordaba la bochornosa experiencia como un sueño en el que un sabio en una montaña en el cielo se negaba a decirle el nombre de Dios, quizá porque el nombre de Dios sólo lo pronuncian aquellos que no van a volver a morar entre los simples mortales.

Eso es lo que se recuerda del legendario y poco edificante diálogo entre el sabio Yi King, autor del *Libro de las mutaciones*, y el joven aprendiz que, por venir viendo el cielo, cayó al abismo, murió anticipadamente y luego resucitó.

(Historia inspirada en un texto sagrado de la Warner Brothers.)

Apocalipsis

Escribo desde el piso más alto de la torre de Babel en medio de la tormenta. Termino mi libro sobre los principios y empiezo a escribir el libro final, quizá porque confío en que el final no sea más que un principio enmascarado.

No es tan alto como pudiera pensarse. Debe ser un séptimo piso. Lo suficiente para ver la ciudad caer y caer con ella. Casi todos los pisos de Babel están bajo tierra. Han sido enterrados bajo palabras y lodo.

Escucho el canto incesante de las sirenas, pero no de las que le cantaban a Ulises y a su tripulación, sino de las que anuncian pulmones que no respiran, cuerpos que colapsan, corazones que se quiebran.

La muerte anda por todos lados. Camina calladita probándose un cuerpo y luego otro, como si fueran vestidos. Y unos se los lleva puestos y a otros los deja ahí, en el suelo, arrugados, temblando de frío.

"Siempre puede ser peor", me digo con optimismo y disfruto por unos instantes ver la lluvia caer sobre las calles desiertas de la Ciudad de México. La triste belleza de una ciudad con miedo. La misma que se hundió en 1521 por la acción de un virus y no de un dios, como creyeron los mexicas. La que se reconstruyó de entre sus ruinas sólo para volver a caer y seguir ahí.

Igual que el gato de Nicanor Parra que se lanzó desde el séptimo piso creo que voy bien, mientras paso frente al segundo.

Y lo pienso porque desde donde voy cayendo se ven ya muchos gatos en el suelo, reventados. Los pesimistas de siempre.

"El fin del mundo ya ha durado mucho. Y todo empeora, pero no acaba", escribió José Emilio Pacheco. San Juan nos engañó. El Apocalipsis no es un evento pasajero sino un modo de vida. Un modo de muerte. Se quedó a vivir en la casa. Moriremos a plazos, en incómodas mensualidades, a fuego lento. Nos veremos morir y no podremos despedirnos.

Decir adiós se volvió un acto subversivo. Prohibido decirle adiós a los enfermos. Un hombre escala las paredes de un hospital para ver morir a su madre a través de la ventana.

Hoy es otro domingo que podría ser lunes o jueves. Otro domingo apilado como periódico viejo. Un domingo eterno que se disfraza de martes y de todos los días para hacernos creer que el tiempo transcurre, aunque sólo sea en la imaginación.

Ha dejado de llover. La voz de un megáfono rompe el silencio, como si fuera la oración que sale de los altavoces de las mezquitas en Oriente Medio: "¡Tamales oaxaqueños, lleve sus ricos y deliciosos tamales oaxaqueños!".

Comala City

Se escucha otra sirena. La quinta de la tarde. Otro juicio final a domicilio. Sucede todo el tiempo, "ocurre en cada pulsación de tu sangre", diría Borges. Hay alguien a bordo de esa ambulancia que sabe que probablemente se trate de un viaje sin retorno. Peor aún, hay alguien a bordo que ya no sabe nada. La confusión sin aire.

Las certezas se fueron por donde llegaron las dudas. Se fueron también los planes y el futuro. Se acabó la gran atracción turística del mundo. Cada quien se queda su basura en su casa. Se fueron el teatro y el cine, se fueron el estadio de futbol y la playa en el verano. Se fueron el carnaval y las manifestaciones políticas. Se fueron el patio de la escuela en el recreo y el baile de graduación. Se fueron las bodas y los conciertos de rock. Se fueron el club swinger y el cuarto oscuro en que los cuerpos se tocaban sin saber nombres ni rostros; o tal vez el mundo entero se volvió un cuarto oscuro en el que nos tocamos sin saber quién nos toca y nos infectamos y nos morimos sin que nadie pueda ver nada. Se fueron muchas personas que amamos. Se seguirán yendo.

Para muchos se fue la esperanza, el amor, la compañía, el sentido de la vida. Se van los días sin poder asirlos. Se van las noches sin poder conciliar el sueño.

Se irán muchas cosas más. Prohibido despedirse.

Lo que quede al final habrá resistido todo.

Fin
del
Principio.

Y al principio del final
No hubo ni Cielo ni Infierno.
Sólo un Principio Eterno
que comienza sin cesar.

Un haikú
jamás escrito
por el viejo
Lin Yu Tang:

Siempre es el Principio
Ahora es el *Big Bang*.

Índice

Fe de erratas

En realidad lo que creó Dios fue la Nada. Vio Dios que la Nada estaba bien y la dejó prosperar. Poco a poco se ha ido llevando todo.
Tarde o temprano vendrá por nosotros.

El ambiguo testamento de Fernando Rivera Calderón
se terminó de imprimir en el mes de julio de 2022
en los talleres de Diversidad Gráfica S.A. de C.V.
Privada de Av. 11 #1 Col. El Vergel, Iztapalapa,
C.P. 09880, Ciudad de México.